D1943107

Roland Fiedler · Rolf Maring · Bernd Steffen

Fang kapitaler Friedfische

Erfahrungen, Tips und Anregungen der „Specimen Hunting Group Dortmund“

Mit 76 Abbildungen

Verlag Paul Parey · Hamburg und Berlin

Die Photos auf S. 2 zeigen: *Oben:* Rolf Maring, Mitautor und Mitbegründer der Specimen Hunting Group Dortmund, mit einem Kanalrotauge von 875 Gramm, gefangen im November 1982. *Unten:* Roland Fiedler, Mitautor und Mitbegründer der Specimen Hunting Group Dortmund, mit einem Spiegelkarpfen von neun Kilogramm, gefangen in einem Emsaltarm.

CIP-Kurztitelaufnahme der Deutschen Bibliothek

Fiedler Roland:
Fang kapitaler Friedfische: Erfahrungen, Tips u. Anregungen d. „Specimen Hunting Group Dortmund“ / Rolf Fiedler; Rolf Maring; Bernd Steffen. – Hamburg; Berlin: Parey, 1984.
ISBN 3–490–04214–X
NE: Maring, Rolf:; Steffen, Bernd:

Die Zeichnungen wurden nach Entwürfen der Verfasser von Rosa-Maria Maring, Unna, angefertigt. Sämtliche Photos stellten die Verfasser zur Verfügung.

Das Werk ist urheberrechtlich geschützt. Die dadurch begründeten Rechte, insbesondere die der Übersetzung, des Nachdruckes, des Vortrages, der Entnahme von Abbildungen, der Funksendung, der Wiedergabe auf photomechanischem oder ähnlichem Wege und der Speicherung in Datenverarbeitungsanlagen, bleiben, auch bei nur auszugsweiser Verwendung, vorbehalten. Werden einzelne Verfielfältigungsstücke in dem nach § 54 Abs. 1 UrhG zulässigen Umfang für gewerbliche Zwecke hergestellt, ist an den Verlag die nach § 54 Abs. 2 UrhG zu zahlende Vergütung zu entrichten, über deren Höhe der Verlag Auskunft gibt. © 1984 Verlag Paul Parey, Hamburg und Berlin. Anschriften: Spitalerstraße 12, 2000 Hamburg 1; Lindenstraße 44–47, 1000 Berlin 61. Printed in Germany by Wachholtz Druck, Neumünster. Umschlaggestaltung: Evelyn Fischer, Hamburg.

ISBN 3-490-04214-X

Dieses, unser erstes Buch widmen wir zu gleichen Teilen unseren Ehefrauen. Nur durch ihr Verständnis und immer wieder geduldeten Entbehrungen des privaten Familienlebens, die nun einmal unsere Art des Fischens mit sich bringt, durch ihre tatkräftige Mitarbeit und Unterstützung, konnte dieses Buch entstehen. Wir danken Ihnen!

Vorwort

Als ich vor einigen Jahren mit den Verfassern dieses Buches über „Fisch und Fang“ ins Gespräch kam, konnte ich mich nicht so recht mit ihrem Gruppennamen anfreunden. Will man uns jetzt die „feine englische Art“ im Fischen beibringen?, fragte ich mich, obwohl es doch schon schwierig genug ist, die bundesdeutsche Angelszene einigermaßen auszuleuchten.

Nachdem ich aber einige Beiträge der Autoren gelesen und auch veröffentlicht hatte, wurde mir klar, daß die Bezeichnung „Specimen Hunting“ keine Äußerlichkeit, sondern ein Bekenntnis ist. Es handelt sich um Angler, die genau wissen, was sie fangen wollen. Auch die „Fisch und Fang“-Leser erkannten schnell, daß die drei Angler aus Dortmund eine ganze Menge vom Fang großer Friedfische verstehen.

Was ist ein Specimen-Angler? Es gibt eine einfache Erklärung: Ein Normalangler und ein Specimen-Angler ziehen aus, um einen großen Karpfen zu fangen. Der Letztgenannte fängt seinen Karpfen, der Normalangler legt drei Rotaugen, einen Brassen und einen Barsch auf die Schuppen.

Was ich an diesen Spezialisten besonders schätze, ist einmal ihr vorbildliches Verhalten am Fischwasser (sie schleichen sich, wenn es erforderlich ist, wie Indianer an), zum anderen beeindrucken mich ihre der jeweiligen Situation angepaßten anglerischen Fähigkeiten, das mit Überlegung und Fingerspitzengefühl zusammengestellte Gerät und ihr unbedingt waidgerechtes Verhalten.

Die drei Autoren haben es verstanden, die drei wesentlichen Punkte für den Angelerfolg (Angler-Gerät-Fisch) zu einem perfekten Dreieck ohne Zitterlinien zu verbinden. Ob Spezialist oder Normalangler: Wer mit Verstand und Kennerschaft kapitale Friedfische angeln möchte, kann von diesen „Engländern“ made in Dortmund lernen.

Im Januar 1984

Georg Peinemann
„Fisch und Fang“

Inhalt

Einleitung

Es mag fünfzehn Jahre her sein. Damals noch im jugendlichen Alter befischten Bernd und ich (Rolf), später auch Roland, auf Jahresschein die Möhnetalsperre. Wir waren noch nicht organisiert und befaßten uns fast ausschließlich mit diesem Gewässer. Zwei kleinere Seen, sogenannte Bergsenken, die mittlerweile längst der städtischen Mülldeponie ihren Platz abgetreten haben, boten die einzige Alternative in unmittelbarer Nähe.

Bei den Fahrten zur „Möhne" waren wir auf unsere Väter angewiesen, genauer gesagt, auf deren fahrbare Untersätze. Alle übrigen Angelfahrten wurden mit dem guten alten „Drahtesel" bewältigt. Was die beiden genannten Seen betrifft, so war das kein Problem, aber der Hengstey- und der Hartkortsee, etwa 25 km von Dortmund entfernt, boten seinerzeit interessanten Angelsport. Wer solch eine Berg- und Talfahrt mit kompletter Ausrüstung je hinter sich gebracht hat, wird nie behaupten, Angeln sei bequem.

Aber wie schon erwähnt, unser „Hausgewässer" war die Möhnetalsperre. Die Fangaussichten und Fänge waren damals weitaus besser als heute. Dasselbe gilt übrigens auch für die Sorpetalsperre. Gute Brassen, Rotaugen, Karpfen und Schleien waren viel häufiger vertreten.

Wir nahmen am Fischsegen dieser Gewässer teil, und zwar in einem Maße, daß es manch altgedienten Petrijünger in Erstaunen versetzte. Mit aller Bescheidenheit gesagt: Wir fischten schon damals oft erfolgreicher als andere am gleichen Gewässer.

Zu dieser Zeit war der Geräte- und Zubehörmarkt noch nicht so reichlich sortiert, wie das heute der Fall ist. Doch wir begnügten uns nicht mit steilaufgestellter, 2,10 m Vollglasrute und Glöckchen in Erwartung irgendeines Fisches. Experimente und Spezialisierung erlaubten uns, auf bestimmte Fischarten zu angeln, und zwar mit einigem Erfolg.

Vollglasruten oder solche aus See- oder Pfefferrohr z. B. beherrschten seinerzeit noch den Markt. Die Teleskoprute hielt gerade ihren Einzug und eine feinnervige, leichte Hohlglassteckrute hatte den Stellenwert einer heutigen Kohlefaserrute. Speziell Hohlglassteckruten hatten es uns angetan, erlaubten sie dem Angler u. a. doch eine wesentlich feinere Gerätezusammenstellung.

Aus englischen Fachbüchern und Gerätekatalogen erfuhren wir bald, welche Vielzahl verschiedenster Ruten bei unseren Inselnachbarn bereits im Programm war und sich dort großer Beliebtheit erfreute. Da es in deutschen Landen schon vom Angebot her, erst recht aber wegen der unerschwinglichen Preise, fast unmöglich erschien, in den Besitz solcher Ruten zu gelangen, fuhren wir für einige Tage nach England.

Unser Ziel war einer der größten und bekanntesten Geräteläden, und was wir dort in bezug auf Geräte und Zubehör zu Gesicht bekamen, war dermaßen beeindruckend, daß es nachhaltig und entscheidend auf uns gewirkt hat. Nach diesem ersten Englandbesuch waren wir zumindest im hiesigen Raum fast die ersten, die mit englischen Steckruten, Schwingspitzen, Arlesy-Bleien, Futterröhrchen usw. den Fischen nachstellten. Natürlich genügte es nicht, nur im Besitz dieser Geräte zu sein und nun zu hoffen, tagaus tagein den Setzkescher zu füllen. Die richtige Behandlung und Verwendung der Geräte erfordert ein Höchstmaß an Genauigkeit und Wissen. Bei uns hat dies sogar die Grundeinstellung zum Angeln wesentlich verändert. Wir schlossen uns mit mehreren Gleichgesinnten zusammen und kamen dadurch in einen Lern- und Experimentierprozeß, der bis heute noch nicht abgeschlossen ist und wahrscheinlich auch nie enden wird. Aber was wir an Erfahrung und Wissen, festgehalten durch Aufzeichnungen in den unterschiedlichsten Formen, gewonnen haben, ermöglicht es uns heute, die nun folgenden Kapitel in fachlich einleuchtender, dabei hoffentlich auch unterhaltender Weise niederzuschreiben.

„Specimen Hunting"

Wo kommt es her? Wie ist es entstanden?

Alles begann im Jahre 1952. Ein Angler namens Richard Walker fängt in einer stürmischen Septembernacht einen gewaltigen Karpfen von etwa 20 kg. Dieser Fisch ist um 8 ½ kg schwerer als der bis dahin gültige britische Rekord. „Dick" Walker wird damit gleichsam über Nacht zur führenden Anglerautorität Großbritanniens.

In der folgenden Zeit berichtet Walker in der Fachpresse über Technik und Taktik des Karpfenfischens, u. a. über spezielle Ruten und Haken, aber auch vom Fang kapitaler Fische anderer Arten. Diese Mitteilungen und der von Dick Walker gefangene Großkarpfen leiten in Großbritannien eine neue Ära und die Gründung von über hundert Specimen Gruppen ein. Natürlich waren diese Erfolge kein Produkt des Zufalls, denn schon Jahre bevor Dick Walker jenen Karpfen landete, gründete er mit seinen Freunden Maurice Ingham und Peter Thomas den Londoner Karpfenfängerclub und beschäftigte sich eingehend mit dem Karpfen, seinen Lebensgewohnheiten und mit neuen Angelmethoden.

Mit der Gründung der ersten englischen Specimen Hunting Groups ging zugleich eine rasante Entwicklung auf dem Gerätesektor einher.

Es wurden Ruten von Spezialisten für Spezialisten entwickelt. Erfahrene, auch heute noch bekannte Angler standen hierbei Pate und schufen in enger Zusammenarbeit mit namhaften englischen Firmen Ruten, Posen, Haken, Kescher und verschiedene andere Utensilien, die einer bestimmten Angelart oder -methode zugedacht sind. Ohne diese Initiativen wären wir heute um einiges Wissen ärmer, was sowohl die Fortentwicklung der Angelgeräte als auch die Lebensgewohnheiten der Fische angeht.

Was bedeutet Specimen Hunting?

Das ganze ist nicht leicht zu erklären und gibt, wörtlich übersetzt, nur unvollkommen die Bedeutung des Begriffes wieder. Auf die Praxis angewandt, kann man aber sagen: Eine Gruppe von Anglern hat es auf besonders große Exemplare einer ganz bestimmten Fischart abgesehen. So gibt es z. B. Spezialisten im Fang von Großrotaugen.

Welchen Sinn hat eine Gruppenbildung?

Die Vorteile der Gruppenbildung liegen klar auf der Hand. Während ein Angler allein vielleicht Jahre braucht, um geeignete Fangmethoden, Standplätze oder Köder zu erproben, sieht alles schon wesentlich einfacher aus, wenn entstehende Probleme mit Freunden aus der Gruppe besprochen und Tips und Erfahrungen untereinander ausgetauscht werden können. Auf diese Weise geht es wesentlich schneller, als es dem Einzelgänger möglich wäre. Man verhilft sich gegenseitig zu guten Fängen. Trotz der unbestreitbaren Vorteile einer Gruppenbildung dauerte es bis Anfang der 70er Jahre, ehe sich auch in unseren Landen einige Gruppen bildeten. Leider lösten sich diese aus den verschiedensten Gründen mehr oder weniger schnell wieder auf, so daß noch einmal sieben Jahre vergingen, bis die erste nachhaltige deutsche Specimen Hunting Group ins Leben gerufen wurde. Diese Gruppe, zu deren Mitgliedern die Verfasser dieses Buches gehören, besteht nun fünf Jahre, und man kann rückblickend sagen, daß sie seit Beginn ihrer Arbeit ständig erfolgreicher wurde. Etwa ein Jahr nach Gründung der Gruppe stellten sich Fortschritte ein, und zwar so massiv, daß selbst die Mitglieder überrascht waren.

So wurden in etwa 2 Monaten 400 Döbel in Stückgewichten bis zu 1,75 kg in einem Gewässer gefangen, in dem bis dahin Döbel von 750 g schon als „groß“ angesehen wurden und Tagesfänge von 5 Döbeln bereits zu den Seltenheiten gehörten.

Zwei Angler unserer Gruppe brachten es an einem winterlich kalten Tag und bei Wassertemperaturen von nur + 5°C zu einem Tagesfang von 68 Döbeln. Karauschen bis 1,25 kg, Karpfen bis 7 kg und Rotaugen bis 750 g Gewicht waren weiterhin der Lohn für gute Zusammenarbeit.

Durch diese Anfangserfolge ermutigt, setzten wir unsere Gruppenarbeit in der eingeschlagenen Richtung weiter fort, verbesserten die Aufzeichnungen von Fängen kapitaler Fische sowie die Eintragungen einzelner Fangdaten, so daß besonders am Ende der Saison die Auswertung einzelner Fangtage immer besser gelang. Aufgrund unserer Aufzeichnungen und Experimente sind wir heute schon in der Lage, Rückschlüsse auf das Verhalten der verschiedensten Fischarten zu ziehen.

Das wichtigste bei der Bildung einer Gruppe ist wohl die gleiche Grundeinstellung der einzelnen Mitglieder zur Sache. Kameradschaftliches Verhalten sowie volles Vertrauen und Ehrlichkeit sind die Grundlagen einer guten Zusammenarbeit. Geheimniskrämer haben deshalb in einer Gruppe nichts zu suchen.

Auch Eifersucht hat schon manche Gruppe ruiniert, bevor sie überhaupt ihre Vorteile erweisen konnte. Dabei hätten vielleicht etwas Geduld und Ausdauer genügt, um diesen Anglern zu zeigen, daß sich die Erfolge über kurz oder lang ohnehin gleichmäßig auf jeden einzelnen verteilen.

Ausschlaggebend für den Fortbestand einer Gruppe dürfte die Mitgliederzahl sein. Ideal sind vier bis sechs, gerade noch vertretbar zehn bis zwölf Mitglieder. Bei höherer Kopfzahl besteht die Gefahr, daß aus der Gruppe ein Verein wird und sich recht bald doch wieder kleinere Gruppen bilden, zwischen denen man sich nicht so gut kennt, wie es für eine fruchtbare Zusammenarbeit erforderlich wäre.

Erfolge bei richtigem Verhalten und intensiver Befischung

Welcher Angler träumt nicht vom Kampf mit den Großen unserer Gewässer! Für viele wird der Traum sogar in Erfüllung gehen, denn auch in unseren heimischen Fischgründen gibt es mehr Kapitale als allgemein vermutet wird. Allerdings ist das Großfischangeln keineswegs einfach, denn im Verhältnis zur Zahl der Angler werden sehr wenige Großfische gefangen, und hiervon sind die meisten Zufalls- oder Glücksfänge. Man muß beim Großfischfang anders zu Werke gehen als z. B. ein Wettfischer, der einen bestimmten Platz zugewiesen bekommt und hier versucht, eine möglichst große Anzahl von meist recht winzigen Fischen zu fangen. Die Mehrzahl der Angler geht ans Wasser, ohne sich vorher Gedanken zu machen, was gefangen werden soll. Doch gerade diese Überlegung ist ein wichtiger Faktor, wenn der Angler es auf Kapitale abgesehen hat.

Weitere Punkte, die zum Erfolg beitragen, sind die Gewässerkenntnis und die Gabe – die sich nur durch die Praxis am Fischwasser aneignen läßt – die speziellen Besonderheiten eines Gewässers richtig zu deuten und auszunutzen. Deshalb ist es in jedem Fall besser, ein gut erreichbares Gewässer zu befischen, dessen Besonderheiten der Sportfischer durch viele Besuche leichter kennenlernen kann. Weite Fahrten zu fremden Gewässern verursachen hohe Kosten und bleiben zudem meist unergiebig, weil der Angler sie eben nicht so gut kennt wie sein Hausgewässer. Es sollte auch nicht sogleich an Rekordfische gedacht werden. Wer aus seinem Hausgewässer regelmäßig Fische fängt, die über dem Durchschnitt liegen, darf das ohne Zweifel als Erfolg verbuchen. Denn nicht jeder Angler hat z. B. die Möglichkeit, in der Weser zu angeln und hier 2-kg-Brassen zu fangen, die für dieses Gewässer alltäglich sind, in anderen Gewässern aber schon als Ausnahmefische angesehen werden müssen.

Die Spezialisierung auf den Fang großer Fische, bei der sich der Angler über einen längeren Zeitraum hinweg mit einer bestimmten Fischart beschäftigt, wird auch den größten Pessimisten durch die in seinem Vereinsgewässer tatsächlich vorkommenden Großfische überzeugen. Fällt das Wort von großen Fischen, denkt die Mehrzahl der Angler an Hecht, Waller (Wels) und Karpfen. Unbestritten gehören diese Fischarten zu den schwersten unserer Gewässer, doch muß die Größe eines Fisches auf die spezielle Art bezogen werden, denn 1-kg-Rotauge ist ebenso als „kapital" zu bezeichnen wie ein 10-kg-Karpfen.

Das Experimentieren mit Ködern, verschiedenen Gerätemontagen und unterschiedlichen Angelstellen kürzt den Weg zum Erfolg ein ganzes Stück ab. Dennoch sollte der Fischer aber nie die Geduld verlieren und unbeirrt seinen Weg gehen. Vielleicht hat er dann eines Tages mehr als nur den Fisch seines Lebens gefangen.

Der Karpfen

Geräte, Methoden, Köder

Viel ist über den Fang von Karpfen geschrieben worden, und es erscheint wenig sinnvoll, hier den Karpfen als Fisch zu beschreiben. Er kann kaum mit einer anderen Fischart verwechselt werden, und die meisten Angler haben bestimmt schon Karpfen gefangen oder doch zumindest dabei zugesehen. Auf unseren Angelfahrten, die bis in die entlegensten Winkel unserer Heimat führten, stellten wir bei Begegnungen und in Gesprächen mit anderen Anglern immer wieder fest, daß viele Karpfen, besonders aber die großen, durch Versagen des Gerätes oder unsachgemäßen Drill verlorengegangen sind. Die erforderliche Erfahrung läßt sich nur durch intensives Angeln, möglichst in verschiedenen Gewässertypen, erlangen. Doch was nützen Erfahrung und Können, wird mit unpassendem Gerät gefischt. Viele Angler neigen hier zu Extremen. Die einen ziehen kleine

Abb. 1. Dieser mit Seerosen überzogene Ems-Altarm ist ein klassisches Karpfengewässer. Zwei 9-kg-Fische waren neben vielen kleineren der Lohn unserer Bemühungen.

Haken und sehr dünne Schnüre in Verbindung mit einer weichen Rotaugenrute vor. Die anderen bevorzugen extra starkes Gerät, das eher zum Meeresfischen geeignet wäre.

Ruten

Es gibt heute eine Vielzahl unterschiedlichster Ruten auf dem Gerätemarkt, die sich laut Herstellerangabe hervorragend zum Karpfenfischen eignen, jedoch in vielen Fällen am Wasser versagen.

Wir haben im Laufe der Jahre viele Ruten getestet und sind zu dem Schluß gekommen, daß es nur wenige Ruten gibt, die sich ohne Einschränkung beim Karpfenangeln bewährt haben.

Zum Angeln auf weitere Entfernungen, also etwa ab 35 m, und im verkrauteten Gewässer bevorzugen wir starke Hohlglasruten, die vom meist englischen Hersteller als S/U-(Stepped Up) Version einer Karpfenrutenserie angeboten werden. Diese Ruten haben eine Testkurve von etwa 1000 g, durchgehende Aktion von der Spitze bis ins Handteil, und sind 3,05 m bis 3,35 m lang.

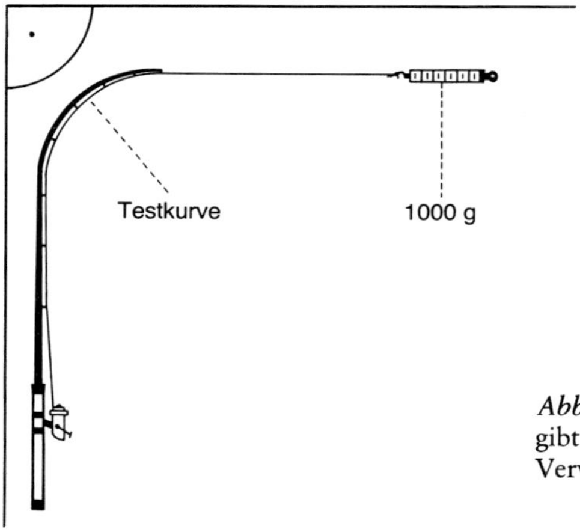

Abb. 2. Die so ermittelte Testkurve gibt brauchbare Hinweise für die Verwendung einer Rute.

Die von der Fa. Bruce & Walker gebaute MK IV S/U 11' und die von der Fa. Modern Arms hergestellte Gerry Savage S/U 11' haben sich bei vielen Belastungsproben hervorragend bewährt.

Wer diese Ruten einmal in die Hand nimmt, wird im ersten Augenblick denken, daß es sich hierbei eher um Meeres- als um Karpfenruten handelt.

Doch wer an diesem Gerät einen kapitalen Karpfen gedrillt hat, wird bestätigen, daß auch diese Ruten noch eine artige Verbeugung vor ihrem Gegenüber machen und eine ganz andere Reaktion zeigen, als man beim Kauf im Laden vermutet.

Beim Flußangeln und zum Angeln im hindernisfreien Gewässer werden Ruten leichterer Ausführung verwendet. (Fa. Jirsack & Simmes, 4402 Greven, Saerbecker Str. 31). Zum Flußangeln wären die beschriebenen S/U-Ruten sogar völlig ungeeignet, da hier in den meisten Fällen die Rutenspitze als Bißanzeiger dient, die harten Spitzen dieser Ruten aber kaum eine Reaktion zeigen.

Meistens reichen beim Flußangeln 3,05 m (10") lange Ruten aus. Die von der Fa. Hardy gebaute Dick Walker Carp 10' (3,05 m) Nr. 1 z. B. hat sich bei mehreren unserer Mitglieder schon jahrelang bewährt und läßt sich auch ohne weiteres zum Barben- und Schleienfischen verwenden.

Rollen

Als Rolle kommen eigentlich nur die wohl völlig ausgereiften offenen Stationärrollen in Frage.

Doch Vorsicht! So einfach, wie es sich anhört, ist das gar nicht, denn beim Kauf und beim Benutzen einer solchen Rolle sollten einige Dinge unbedingt beachtet werden, die manchen Anglern möglicherweise noch unbekannt sind und leicht zu Ärger führen könen.

Zunächst muß beim Kauf einer Rolle unbedingt auf deren Innereien geachtet werden, denn wichtiger als diverse Kugellager ist das Getriebe. Schnecken und Zahnräder, die bei vielen Herstellern aus Guß bestehen, haben eine wesentlich kürzere Lebensdauer als gefräste Zahnräder, die meistens ein ganzes Anglerleben überstehen.

Des weiteren ist auf einen guten Schließmechanismus des Schnurfangbügels zu achten, der bei manchen Rollen so schwach ausgelegt ist, daß es schon nach wenigen Angeleinsätzen mit den Rückholfedern des Schnurfangbügels Ärger gibt.

Wohl das wichtigste Merkmal einer guten Rolle ist die Bremse. Sie sollte eine große Bremsfläche besitzen, denn damit läßt sie sich exakt und auf die Schnurstärke abgestimmt einstellen. Das ist gerade beim Karpfenangeln in Verbindung mit der richtigen Rute wichtig, die ja ebenso wie die Rollenbremse die Fluchten und Schläge eines Karpfens abfangen soll. Der gute oder schlechte Ausgang eines Drills hängt hiervon entscheidend ab.

Von uns werden zum Karpfenangeln die DAM Quick Finessa 330 P und die ABU Cardinal (66) verwendet. Dazu für jede Rolle drei Spulen, die erste mit etwa 200 m 0,25 mm, die zweite mit etwa 200 m 0,35 mm und die dritte mit etwa 100 m 0,45 mm Schnur gefüllt. Damit kann sich der Angler jedem Gewässer, jedem Köder und jeder Gewichtsklasse anpassen.

Haken

Auch der Haken muß zum Karpfenfischen von allerbester Qualität sein. Diesem Anspruch kommen bei weitem nicht alle Hakenhersteller nach, werden von ihnen auch spezielle „Karpfenhaken“ angeboten.

Wir verwenden für leichtes Karpfenangeln mit Schnüren von z. B. 0,25 mm Durchmesser und bei Benutzung von Kleinködern wie Mais, Erbsen oder Maden einen Haken der Firma VMC Sunridge (England). Dieser Flachstahlöhrhaken hat sich bei uns schon jahrelang auch auf andere Fischarten bewährt und ist im Fachhandel unter der Bezeichnung VMC 9287 oder Sundridge Specimen Hook erhältlich. (Fa. Angelsport, Ussat, Wittbräucker Str. 24, 4600 Dortmund-Aplerbeck).

Zum Angeln mit größeren Ködern wie z. B. hühnereigroßen Kartoffeln oder Pastekugeln sowie zum Fang besonders kapitaler Karpfen, die, wenn nötig, nach dem Anhieb sofort gewendet werden müssen, damit sie nicht in benachbarte Hindernisse entkommen, greifen wir auf einen besonders starkdrahtigen Flachstahlhaken, den sogenannten „Dick Walker Karp-

Nr. 1

Nr. 2

Nr. 3

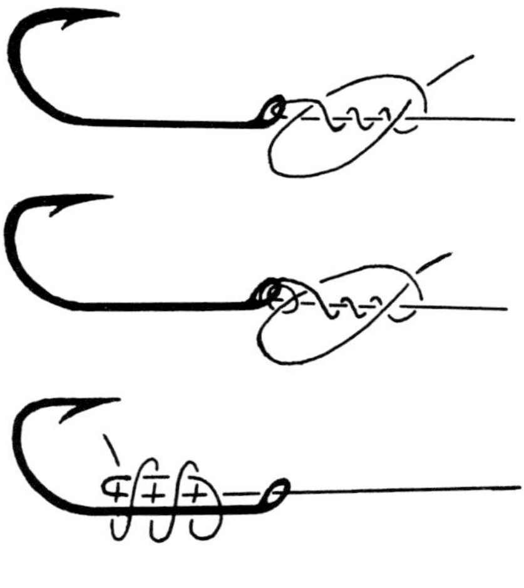

Abb. 3. Drei bekannte und leicht zu bindende Knoten, die allen Ansprüchen gerecht werden.

fenhaken" der Firma Mustad (Fa. Jirsack & Simmes, Saerbecker Str. 31, 4402 Greven) zurück. Dieser Haken ist ebenso wie der vorher beschriebene ein Rundbogenhaken, hat aber einen wesentlich längeren Schenkel. Er wirkt sich vorteilhaft beim Auswerfen weicher Köder aus. Sie fallen nicht so schnell vom Haken wie beim kurzen Schenkel. Außerdem dringt dieser Haken wegen des längeren Hebels (Abstand Hakenspitze – Öhr) zuverlässiger in das Karpfenmaul ein als der VMC-Haken.

Wichtig für das gute Fassen eines Hakens ist aber seine Schärfe. Deshalb sollte vor Angelbeginn grundsätzlich jeder Haken mit einem Hakenschleifstein abgezogen werden. Sonst gibt es bei einem danebengegangenen Anhieb wegen der eigenen Nachlässigkeit Verstimmungen.

Drillinge sollten auf keinen Fall zum Angeln benutzt werden, denn abgesehen davon, daß sie an vielen Gewässern verboten sind und allgemein als unsportlich gelten, erschweren sie entscheidend einen erfolgreichen Anhieb, zumal auf große Distanz. Der Anschlag dringt dann ohnehin nur minimal bis zum Haken durch.

Ein weicher Köder ist zwar, auf einen Drilling gezogen, leichter auszuwerfen, er läßt sich jedoch andererseits ungleich schwerer als ein Einzelhaken aus dem Köder ziehen, und er dringt schwerer ins Fischmaul ein.

Schon mehrere Jahre angeln alle unsere Mitglieder mit von der Rolle bis zum Haken durchgehender Schnur, um möglichst wenige Knoten entstehen zu lassen. Dem Knoten am Haken kommt insofern entscheidende Bedeutung zu. Hier droht die Bruchstelle Nr. 1. Einige Beispiele für zuverlässige Knoten zeigt Abbildung 3.

Kescher

Der Landungskescher, von manchen Anglern nur als unnötiger und sperriger Ballast angesehen, sollte von einem ernsthaften und waidgerecht eingestellten Petrijünger niemals zu Hause gelassen werden, ganz gleich, ob nun kleine Rotaugen oder große Karpfen gekeschert werden sollen.

Zum Karpfenfang sind besonders große und stabile Kescher erforderlich, die leider nur in wenigen derartigen Ausführungen von den Herstellern angeboten werden.

Zur passenden Größe des Karpfennetzes hier ein kleiner Rückblick auf die Praxis.

Schon vor Jahren hatten sich alle unsere Gruppenmitglieder dazu entschlossen, ein für damalige Verhältnisse großes Landungsnetz zu

Abb. 4. Vorbildliche Kescherhilfe mit dem richtigen Unterfangnetz beim Karpfenangeln.

kaufen. Dieses Netz hatte eine Öffnung von 0,80 m zwischen den Schenkeln, die ebenfalls etwa 0,80 m lang waren und so ein gleichseitiges Dreieck bildeten. Jeder war davon überzeugt, in dieses Netz fast jeden Fisch hineinbringen zu können, bis Wolfgang und Bernd es in einer lauen Juninacht mal wieder auf Schleien versuchen wollten. Der Abend fing gut an, denn nach Einbruch der Dunkelheit begannen die Schleien zu beißen, und es konnten schon bald ein paar schöne Fische gelandet werden. Das war wieder einmal eine Nacht, in der ans Schlafen überhaupt nicht gedacht wurde. Hörten die Schleien zwischenzeitlich auf zu beißen, waren ohnehin genug Ratten da, um beide Angler nicht zur Ruhe kommen zu lassen. Um 2.00 Uhr früh hakte Bernd dann einen Karpfen, der an der 0,20-mm-Schnur gar nicht so leicht zu halten war und einen spannenden Kampf lieferte. Nasch 10 Minuten Drillzeit war der Karpfen kescherreif. Doch erst nach mehreren Versuchen konnte der fast 4 kg schwere Fisch in den „großen" Kescher gebracht werden.

Ähnliches erfuhren zwei Gruppenmitglieder ebenfalls beim Nachtangeln auf Karpfen an einer steilen Böschung, wo die Kescheröffnung noch durch den ungünstigen Winkel verkleinert wird, und der Angler gezwun gen sein kann, ins Wasser zu gehen, um einen größeren Fisch sicher an Land zu bringen.

Durch diese und ähnliche Erlebnisse belehrt, benutzen wir heute ein Netz, das zwar ebenfalls ein gleichseitiges Dreieck, jedoch mit einer Seitenlänge von 1,20 m bildet und auch 1,20 m tief ist. Zum Hältern von Karpfen dient am besten ein großvolumiger Textilsetzkescher mit knotenlosen Maschen oder ein sogenannter Karpfensack aus grobmaschigem, ebenfalls knotenlosem Keschernetzmaterial, in dem jeweils nur ein einziger Karpfen gehältert wird. Zum Befestigen des Karpfensacks am Ufer wird an zwei Ecken jeweils eine Zeltleine angebracht, die am Ufer durch einen Holzpflock gesichert ist.

Methoden

Im Geräteteil wurde im Zusammenhang mit den geeigneten Ruten bereits das Flußangeln auf Karpfen erwähnt.

Der Anfänger kann gerade bei dieser Art des Karpfenfischens eine ganze Menge Fehler begehen, besonders dann, wenn es um das Erkennen der Bisse geht.

Karpfenfischen wird im allgemeinen als ruhig und besinnlich beurteilt.

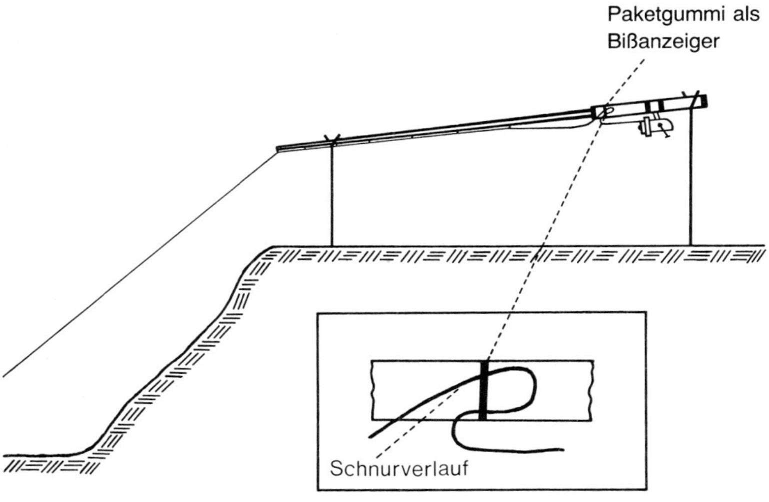

Abb. 5. Ein Paketgummi um den Rutengriff oder das unterste Teil der Rute geknotet leistet gute Dienste als Bißanzeiger.

Das trifft zweifellos ganz besonders auf das klassische Karpfenangeln zu, auf das später noch eingegangen wird. Doch beim Flußangeln sieht das ganz anders aus.

Mit Silberpapierstreifen, elektrischen und diversen anderen Bißanzeigern ist hier nichts zu holen.

Als wir vor Jahren erstmals Flußkarpfen nachstellten, versuchten wir zunächst die Schnur mit einem Gummi am Rutengriff festzuklemmen und den Rollenbügel geöffnet zu halten. Weil diese Bißanzeige – die Schnur wird aus dem Gummi gerissen und läuft kontinuierlich ab – nur bei sogenannten Fluchtbissen wirkt, verfehlt der Angler alle anderen Bisse oder kommt gar nicht zum Anschlag, weil die Schnur nicht aus dem Gummi gerissen wird. (Abb. 5).

Versuche mit schwächeren Gummis brachten übrigens auch keine besseren Resultate.

Heute angeln wir im Fließgewässer mit geschlossenem Schnurfangbügel und können im nachhinein sagen, daß unsere Erfolgsquote nach der Umstellung beachtlich gestiegen ist.

Fänge von vier Karpfen innerhalb weniger Stunden, zum Teil mit beachtlichen Stückgewichten, zeigten uns, daß die richtige Methode gefunden war.

Wichtig bei dieser Angelart ist vor allen Dingen die Plazierung der Ruten. Es hat keinen Zweck, sie in einer der alten und überholten zylinderförmigen Rutenhalter zu stecken, ein Aalglöckchen an die Spitze der Rute zu klemmen und nun auf ein akustisches Signal zu warten, während der Angler sich zur gleichen Zeit etwa dem Fang von Kleinfischen widmet.

Um Bisse bereits im Ansatz zu erkennen, ist es dringend erforderlich, die Rutenspitze während der gesamten Angelzeit im Auge zu behalten. Man sollte ruhig einmal anschlagen, auch wenn sich die Spitze nur wenige Zentimeter bewegt. Sicher wird so mancher Angler erstaunt sein, wenn die Rute plötzlich halbkreisförmig aufs Wasser zeigt und der Fisch bei hoffentlich präzise eingestellter Rollenbremse Schnur abzieht.

Nun zu den verschiedenen Formen geeigneter Rutenhalter, wie sie heute im Fachhandel angeboten werden. Diese sollten teleskopierbar und der innere Stab mit einem Gewinde versehen sein, um hier verschiedene Auflagerungen für diverse Ruten und Angelmethoden einschrauben zu können. Beim Karpfenfischen wird für die Auflagerung des Rutengriffs ein sogenannter V-Typ und für die Abstützung der Rutenspitze ein sogenanntes „Free-Line“-Auflager benötigt, was ungehindertes Ablaufen der Schnur beim Angeln mit dem offenen Bügel gewährleistet (Abb. 6).

Das ist hier, wie oben beschrieben, zwar nicht nötig, da mit geschlossenem Rollenbügel geangelt wird, doch ermöglicht uns dieses Auflager, daß wir die Rute bei einem Biß auch seitlich direkt in Anschlagposition bringen können.

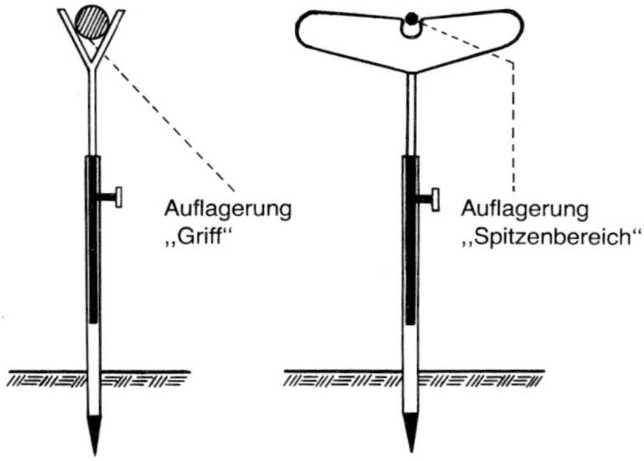

Abb. 6. Teleskopierbare Rutenauflagen mit unterschiedlichen Köpfen. Völlig freier Schnurdurchlauf muß gesichert sein.

Ein weiterer Pluspunkt für das „Free Line"-Auflager ist seine etwa 20 cm breite Auflagefläche, durch die ein Verhaken der Schnur an anderen Rutenhalterteilen sowie an in der Nähe befindlichen Zweigen und Gräsern, besonders beim nächtlichen Karpfenansitz, vermieden wird.

Beim Einstellen des Rutenhalters zum Angeln muß zwischen der Rute und einer gedachten Waagerechten ein Winkel von etwa 15°—20° entstehen.

So aufgestellt, läßt sich die Rutenspitze gut im Auge behalten und im Falle eines Bisses ein kräftiger Anhieb setzen, weil der Angler durch den flachen Winkel genug Platz hinter sich hat (Abb. 7). Er ist somit in der

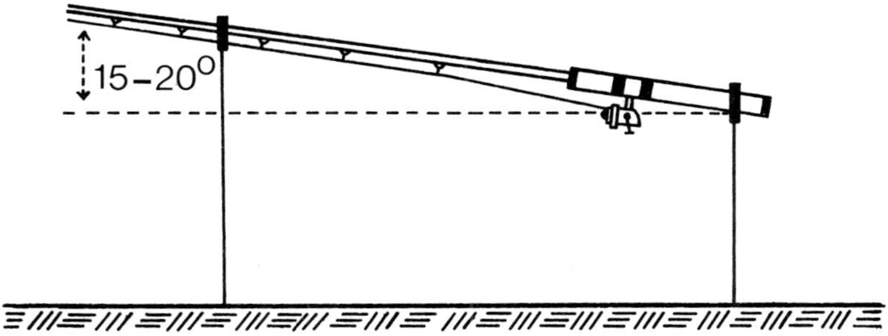

Abb. 7. Günstiger Winkel der Rutenstellung beim Nachtangeln. Jetzt ist genaue Beobachtung der Rutenspitze, zumal im Bereich von Sträuchern und Wasserpflanzen möglich.

Lage, auch auf weite Entfernungen den Anhieb bis zum Haken durchzubringen.

Für den Neuling auf diesem Gebiet des Angelns empfiehlt es sich, auf gleichzeitiges Fischen mit einer zweiten Rute, zumal nachts, zu verzichten. Er kennt sich eben noch nicht mit den Besonderheiten und Umständen des Flußangelns aus und kann auch noch nicht die Ruhe und Abgeklärtheit eines erfahrenen Karpfenspezialisten besitzen, der sich auch in den unvermeidlichen kritischen Situationen zu helfen weiß.

Für Spezialisten ist die Verwendung einer zweiten Rute, unter Beachtung einiger wichtiger Voraussetzungen, auch bei dieser schwierigen Angelart durchaus möglich.

Durch die Benutzung unterschiedlich schwerer Bleie z. B. lassen sich die beiden Angelbereiche weiter trennen, als dies bei Verwendung gleich schwerer Bleie möglich ist.

Hierbei sollte die Rute, die am weitesten in Flußmitte ausgelegt wird, mit dem schwereren Blei bestückt werden (Abb. 8).

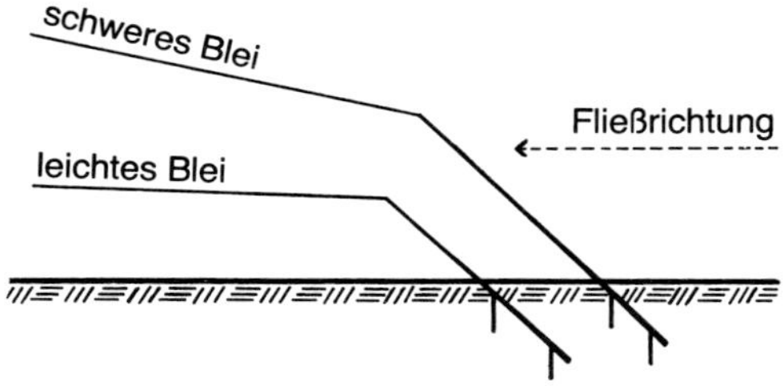

Abb. 8. Fischen mit zwei Ruten in der Strömung. Unterschiedlich schwere Bebleiung bringt Vorteile.

Nach einem Biß und erfolgreichem Anschlag hält der Angler die Rute einen Moment mit einer Hand fest und schiebt die andere Rute mit der freien Hand vom vorderen Auflager herunter, so daß Rutenspitze und Schnur auf dem Gewässergrund liegen. Nun hat der Karpfen kaum eine Chance, sich mit der zweiten Angel zu verwickeln (Abb. 9).

Wir haben diesen Trick schon viele Male auch beim Angeln in stehenden Gewässern benutzt und noch nie hat sich ein Karpfen in der Schnur der zweiten Rute verfangen.

Die weitere Ausstattung des Geräts ist denkbar einfach. Als Beschwerung wird ein sogenanntes „Arlesy-Blei“ verwendet. Es ist in einem kleinen Wirbel mit Karabiner eingehakt, der es ermöglicht, das Blei gegen ein größeres oder kleineres auszutauschen, ohne das Gerät zu demontieren (Abb. 10). Zum Stoppen des Bleis glauben wir nach langer Zeit des Suchens das non-plus-ultra in Form eines sogenannten „Ledger-Stops“

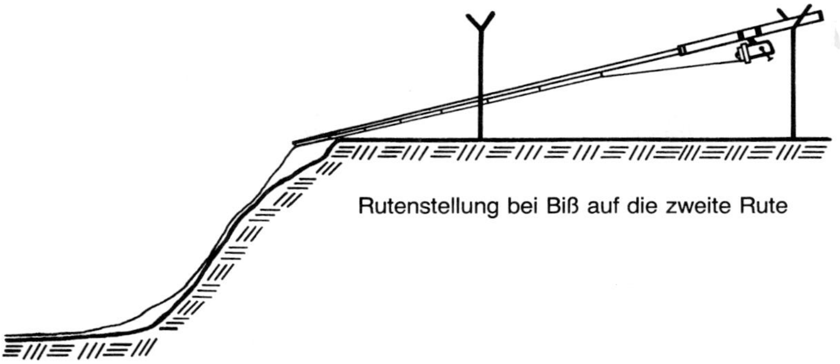

Abb. 9. Durch einen leichten Stubs, gegebenenfalls mit dem Fuß, bringt der Angler die zweite Rute aus dem Gefahrenbereich. Die Schnur sinkt auf den Grund und stört ebenfalls nicht mehr.

gefunden zu haben. Dieser besteht aus einem Plastikröhrchen mit dazugehörendem Stopfen. Er wird in unterschiedlichen Durchmessern hergestellt.

Die kleineren passen zu Schnurstärken bis 0,10 mm, die größeren zu solchen ab 0,25 mm.

Diese Montage verwenden wir auch beim Angeln in stehenden Gewässern, dem klassischen Karpfenangeln. Nun die nächste Methode.

Viele Experten, die das Blei ganz weglassen, werfen nur mit dem Ködereigengewicht aus. Doch diese Methode hat auch mehrere Nachteile. Da die Schnur zwischen Köder und Rutenspitze möglichst in einer Flucht verlaufen soll, ist es nötig, nach dem Auswerfen des Köders die Schnur

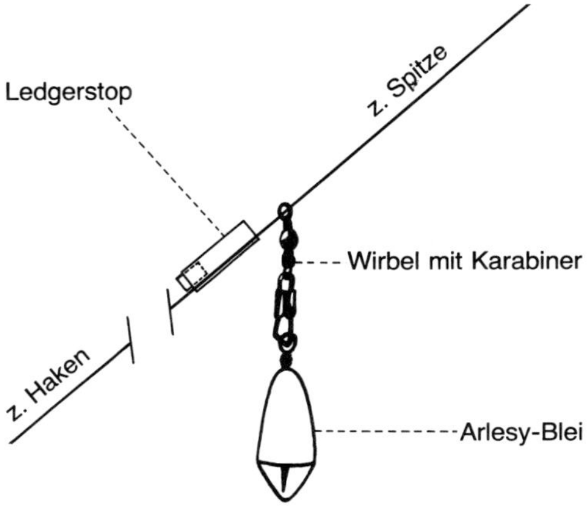

Abb. 10. Bebleiung und Vorfachlänge nach Belieben und ohne Demontage variierbar.

zu straffen. Das gelingt mit dem unbeschwerten Köder zwar auch, dieser wird dabei allerdings von dem eigentlichen Angelplatz, der exakt angeworfen wurde, nun weggezogen.

Bei Verwendung einer Beschwerung wird der Köder je nach Bleigewicht nur wenige Zentimeter von seinem Platz verrückt. Nun ist die Gewähr gegeben, auch tatsächlich an der richtigen Stelle zu fischen, zumal wenn diese vorher angefüttert wurde.

Der zweite Grund, sein Geschirr mit einem Blei zu versehen, ist wahrscheinlich noch gravierender. Läßt der Angler das Blei weg, darf der abziehende Fisch nur eine Richtung einschlagen, soll der Fischer den Biß erkennen können. Da sich Fische nun aber nicht alle gleich verhalten, wird eine große Zahl von Bissen gar nicht bemerkt. Nur wenige Karpfen ziehen mit dem Köder in der der Rute entgegengesetzten Richtung ab.

In stehenden Gewässern hat sich dagegen wiederholt gezeigt, daß der Fisch auf den Angler zuschoß und dieser nun Mühe hatte, mit ihm Fühlung zu halten. Leider gelingt das nicht immer.

Beim klassischen Karpfenangeln werden die Ruten auf die gleichen Auflagerungen, wie wir sie bei Flußfischen verwenden, in üblicher Weise abgelegt. Anders sind hier vor allen Dingen die Gegebenheiten im Gewässer.

Strömung ist in den meisten Seen oder Teichen nur in Form von Oberflächendrift vorhanden. Sie läßt sich durch etwa 2 cm tiefes Eintauchen der Rutenspitze unter den Wasserspiegel ausschalten. Die Rute zeigt nun auf das Wasser, und wenn es die Platzverhältnisse der Angelstelle erlauben, gleichzeitig in Richtung Köder. So werden unnötige Schwingungen, die bei nicht sauber ausgerichteter Rute entstehen und den Fisch zum Loslassen des Köders veranlassen können, verhindert (Abb. 11).

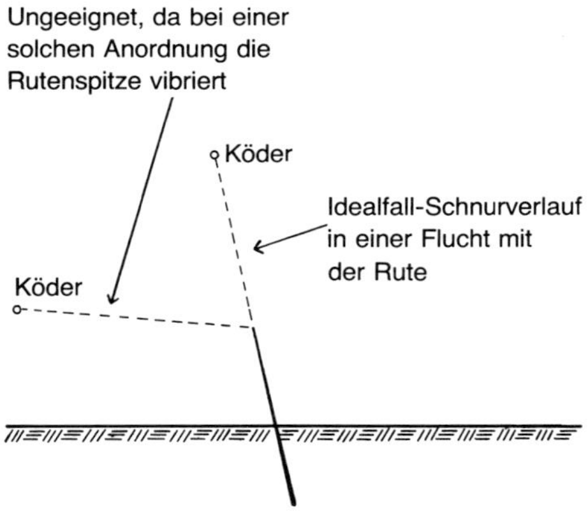

Abb. 11. Beim Fischen mit dem offenen Schnurfangbügel sollte die Rutenspitze auf den Köder zeigen.

Als Bißanzeiger dient ein Stück Alufolie, das zu einem Zylinder gerollt und über die Schnur geschoben wird. Stärkerer Wind wirbelt die Alufolie wegen ihres geringen Gewichts oft hoch und nimmt dabei Schnur von der Rolle, wodurch Perücken entstehen können, die das Erkennen eines Bisses unmöglich machen.

Abhilfe schafft hier ein Stück Draht, das zwischen dem 1. und 2. Rutenring in die Erde gesteckt wird. Vorher wurde der um die Schnur gelegte Aluzylinder auf den Draht geschoben. (Abb. 12).

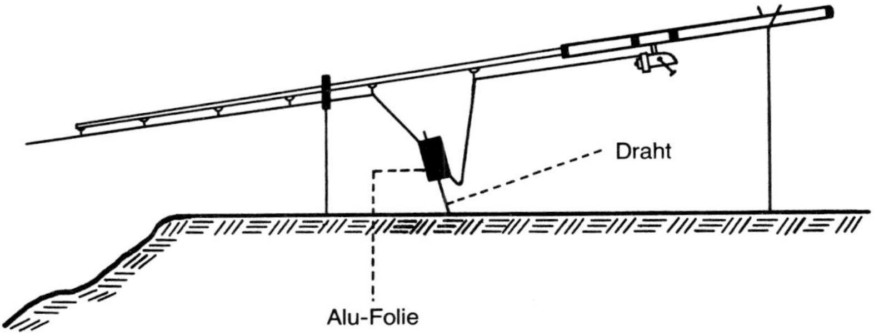

Abb. 12. Aufbau und Wirkungsweise des Bißanzeigers.

Weitere Möglichkeiten, dem Karpfen nachzustellen, bieten Oberflächenköder. Sie können als treibender oder verankerter Köder angeboten werden. Meistens wird Weißbrot verwendet. Gerade Großkarpfen, die einen am Grund angebotenen Köder verschmähen, fallen auf diese Methode herein. Nähere Details bezüglich des Oberflächenfischens werden gegen Ende dieses Kapitels besprochen.

Auch das Angeln mit der Schwingspitze, in den letzten Jahren auch bei uns populär geworden, läßt sich auf Karpfen hervorragend anwenden. Hierbei werden andere Ruten als z. B. auf Rotaugen und Brassen verwendet. Einige Firmen haben sich darauf eingestellt und ihre Karpfenruten mit einem sogenannten Schwingspitzenendring versehen.

Zum Schwingspitzenangeln, etwa auf Rotaugen, Brassen oder Schleien, sind Schnüre mit einem maximalen Durchmesser von 0,20 mm angebracht. Dickere Schnüre führen zu großer Schnurdrift, was beim Fischen mit der Schwingspitze nachteilig ist. Die Auslastung wird zu groß, die Bißerkennung fast unmöglich. Da zum Karpfenangeln stärkere Schnüre erforderlich sind, schafft hier eine Schwingspitze schwererer Bauart Abhilfe, die in der Regel aus Stahl oder Vollglas besteht und ein schwereres Blei zuläßt.

Köder

Gerade neuen und geheimnisvollen Ködern und deren Wittrung wird bei karpfenartigen Fischen immer wieder allzuviel Aufmerksamkeit geschenkt, obwohl wir die Lockwirkung verschiedener Stoffe, wie noch beschrieben wird, selbstverständlich ausnutzen sollten. Von ausschlaggebender Bedeutung für erfolgreiches Karpfenangeln ist allerdings nicht die Wittrung, sondern die Konsistenz des Köders, der, ganz gleich mit welcher Wittrung er versehen wird, keine Fische fängt, wenn er zu hart ist.

Fische fressen erwiesenermaßen lieber weiche als harte Köder, ganz abgesehen davon, daß der Haken beim Anhieb viel leichter aus dem Köder gezogen werden und im Fischmaul fassen kann, als das bei harten Ködern der Fall ist.

Die Kartoffel wird schon seit jeher mit Karpfenfängen in Verbindung gebracht, und tatsächlich werden damit auch heute noch sehr viele Karpfen gefangen.

Von ausschlaggebender Bedeutung ist also die Weichheit eines Köders. Das von manchen Anglern empfohlene Halbgarkochen der Kartoffeln lassen wir deshalb lieber sein. Aber auch zu lange dürfen sie nicht auf dem Herd stehen bleiben. Den richtigen Augenblick abzupassen, ist gar nicht so einfach und erfordert einige Erfahrung, da die Garzeit der verschiedenen Kartoffelsorten sehr unterschiedlich ist.

Unbedingt sollten wir aber bei der Auswahl der Kartoffeln auf gute Qualität achten und nicht solche zum Angeln verwenden, die wir selber nicht mehr essen würden.

Das Kartoffelschälen kann sich der Angler sparen, denn es erweist sich häufig als Nachteil. Im Wasser zerfällt die geschälte Kartoffel leichter als eine ungeschälte und hält, wenn auch noch Kleinfische am Werke sind, kaum über längere Zeit am Haken.

Da die Kartoffel, wie beschrieben, nicht so schnell vom Haken zu holen ist und trotzdem die nötige Weichheit mitbringt, eignet sie sich ganz besonders gut zum Ansitz auf Großkarpfen, die ja, wie bekannt, sehr mißtrauisch sind und den Angler wie auch den ausgelegten Köder auf eine harte Bewährungsprobe stellen.

Mit der Ködergröße sollte man nicht allzu vorsichtig sein. Wer große Karpfen fangen will, der muß auch entsprechend große Köder verwenden. Eine Kartoffel in Hühnereigröße ist z. B. für einen 5-kg-Karpfen kein Problem. Wir haben schon des öfteren auf Köder dieser Größe ansatzlose Bisse, also ohne vorausgehendes Nuckeln, gehabt, die, wie sich später herausstellte, von Karpfen in der Gewichtsklasse von 3½ bis 5 kg stammten.

Aber nicht nur mit großen Ködern lassen sich große Karpfen fangen. Mais, Erbsen, Bohnen und ähnliche Partikel-Köder fangen ebenfalls große Karpfen, allerdings in den meisten Gewässern nur für kurze Zeit. Dann lassen die meist guten Anfangserfolge nach.

Natürlich interessieren sich für diese Köder auch andere Fischarten, und es gibt wohl nichts Störenderes, Rotaugen, Brassen oder andere Fische am Köder herumzupfen zu fühlen, wenn man es auf Großkarpfen abgesehen hat. Und schließlich fressen sie ihn. Die dabei entstehende Unruhe stört evtl. die sich in der Nähe aufhaltenden Karpfen, und der Angler geht leer aus.

Deshalb verwenden wir Partikel-Köder lediglich in ganz speziellen Fällen. So z. B. in einem Gewässer, wo vorwiegend mit anderen Ködern gefischt wird, oder wenn auf größere Köder trotz vielen Experimentierens und intensiven Angelns nichts an den Haken zu bekommen ist. Ein anderer Köder, der allerdings auch nur in speziellen Gewässern Verwendung findet, ist der Tauwurm. Oft merkt man durch Zufall beim Angeln auf andere Fischarten, daß sich Karpfen auch für diesen Köder interessieren.

Roland und Bernd fischten vor geraumer Zeit in einem von der Anglerzunft wenig beachteten Teich. Alles in diesem Gwässer deutete auf Schleien hin, und unsere Beobachtungen wurden schon in der zurückliegenden Zeit durch den Fang einer herrlichen Schleie von fast 1½ kg bestätigt.

Als Köder dienten ausschließlich Tauwürmer, und auch an diesem Morgen hatten wir je zwei Ruten mit diesem Köder bestückt. Von 4 Uhr morgens bis um etwa 9 Uhr tat sich überhaupt nichts, und wir dachten schon an ein schlechtes Abschneiden, als sich Rolands Bißanzeiger leicht anhob und stetig abzog. Roland setzte sofort den Anhieb und hatte den Fisch am Haken. Die Rute wurde dann aber sofort nach unten gerissen, und der Fisch nahm Schnur von der Rolle, wobei er den überhängenden Zweigen am gegenüberliegenden Ufer gefährlich nahe kam. Roland forcierte sofort den Drill, bis sich die „Dick-Walker-Avon“ zum Halbkreis bog. Doch Rute und Schnur hielten in diesem entscheidenden Augenblick der hohen Belastung stand. Längst hatten wir erkannt, daß es sich hier nicht um eine Schleie, sondern um einen Karpfen handeln mußte. Nach etwa 15 Minuten Drillzeit konnte ein Spiegelkarpfen von 5¼ kg gelandet werden.

Soweit ein Auszug aus unserem Fangbuch. Durch dieses Erlebnis beflügelt, machten wir weitere Versuche auf Karpfen an diesem Gewässer, und schon bald bestätigte sich der Tauwurm als Erfolgsköder. Wir nehmen an, daß an diesem Gewässer, wie schon erwähnt, wenig geangelt wurde, so daß die Fische andere Köder nicht so leicht nahmen, wie den zur natürlichen Nahrung gehörenden, wenn auch seltenen Tauwurm.

Zu den wohl erfolgreichsten Ködern auf Karpfen gehört ohne Zweifel Brot in jeder Form, und es gibt kaum ein Gewässer, wo sich die Karpfen nicht für diesen Leckerbissen interessieren.

Zur Herstellung der Grundsubstanz einer Paste verwenden wir ein mindestens vier Tage abgelagertes Weißbrot, von dem wir die Krusten entfernen und es in etwa zwei Zentimeter dicke Scheiben schneiden, die dann, kurz in Wasser getaucht, in eine weiche Masse verwandelt werden. In jedem Fall sollte der Paste etwas Speiseöl oder Margarine hinzugefügt werden, was den Zusammenhalt im Wasser wesentlich verlängert.

Durch Beimengen verschiedener Stoffe wie z. B. Honig, Zwiebelsaft, Mett, Katzenfutter kann der Paste eine individuelle Geschmacksnote gegeben werden. Unbedingt beachten: Mit derselben Geschmacksrichtung muß auch angefüttert werden. Denn gleichzeitiges Experimentieren mit verschiedenen Stoffen führt meistens zum Mißerfolg.

Der weicheste Köder überhaupt ist wohl das lockere Innere (Krume) eines frischen Weißbrotes, das fast immer Erfolg verspricht, es sei denn, das befischte Gewässer wimmelt von Kleinfischen, die diesen Köder binnen kurzem vertilgen. Der richtige Umgang mit diesem, auch auf andere Fischarten überaus erfolgreichen Köder wird noch im Kapitel Schleienangeln beschrieben.

Frisches Weißbrot wird auch benötigt, wenn mit der Brotkruste gefischt werden soll. Dieser Köder ist universell verwendbar und läßt sich auf jede gewünschte Tiefe einstellen, was an vielen Gewässern sehr vorteilhaft ist. Auch hier darf der Angler mit der Ködergröße nicht zimperlich sein. Streichholzschachtelformat und -größe ist durchaus angebracht, denn wir haben es ja auf den großen Karpfen abgesehen.

Beißverhalten in unterschiedlichsten Gewässertypen

Es liegt nun schon einige Jahre zurück. Motiviert durch wiederholte Karpfenfänge beim Brassen- und Rotaugenfischen in der Lippe, wollten wir versuchen, diesen Fisch hier intensiv zu beangeln. Der Fluß bot sich durch seinen weitgehend natürlichen Verlauf und den zumindest im

Abb. 13. Drei gute Flußkarpfen, gefangen auf Kartoffel. Das Anfüttern über längere Zeit trug zum Erfolg bei.

mittleren Bereich, etwa zwischen Hamm und Lünen, üppigen Uferbewuchs für spezielles Karpfenangeln geradezu an. Nach mehreren Gewässerbegehungen entschlossen wir uns für ein nur wenig beangeltes Teilstück. Hier fütterten wir ab Anfang April jeweils drei Stellen über einen Zeitraum von vierzehn Tagen an, und zwar täglich gegen Abend reichlich mit weichgekochten Kartoffeln und Dosenmais.

Einige Bemerkungen zu diesem Gewässerabschnitt seien noch erlaubt. Es handelt sich um eine etwa 200 m lange Strecke mit einer fast 90°-Kurve auf halber Länge. Das Ufer war lückenlos mit Weidenbüschen und Holunder urwüchsig bewachsen. Das anfänglich schlechte Gewissen bei der Verwendung unserer Macheten zum Herrichten eines geeigneten Angelplatzes wurde ein Jahr später durch eine brutale „Radikalkur" des Lippeverbandes völlig entlastet. Aber nicht nur das! Kilometerlange Steinschüttungen und totaler Kahlschlag, über dessen Sinn und Nutzen an dieser Stelle nicht diskutiert werden soll, haben unsere Hoffnungen, zumindest in bezug auf das Karpfenfischen, in diesem Bereich jetzt auf Jahre hinaus zunichte gemacht.

Aber zurück zum Geschehen. Es war an einem Freitag, etwa Mitte April, und wir wollten die Früchte unserer Arbeit endlich ernten. Über

Methode und Köder waren wir einig. Jahrelange Erfahrung im Karpfenfischen hatte gelehrt, daß gerade bei dieser Fischart eine Pose mehr als überflüssig ist, sei es im stehenden oder fließenden Gewässer. Die Köderfrage beantwortete sich durch das verwendete Anfütterungsmaterial von selbst. Kopfzerbrechen bereitete lediglich das richtige Bißerkennen, genauer gesagt, das entsprechende Gerät für diesen Zweck. In Erwartung des allgemein üblichen Fluchtbisses mußte der Schnurfangbügel der Stationärrolle offenbleiben. Weil dabei durch die Strömung Schnur von der Rolle gezogen wurde, wollte die Bißanzeige durch ein angebrachtes Silberpapierröllchen nicht klappen. Auch das Festsetzen des Silberpapiers mit Hilfe einer Beschwerung (Stein oder Stöckchen) auf dem Boden reichte nicht aus. Deshalb ließen wir das Silberpapier ganz weg und klemmten die Schnur mit Hilfe eines Gummis am Griffteil der Rute fest. Es klappte sehr gut. Die Strömung schaffte es nicht, die Schnur unter dem Gummi am Griffteil herauszuziehen. Für einen beißenden Karpfen aber konnte dies sicherlich kein Hindernis sein, so daß es ihm gelingen mußte, soviel Schnur von der geöffneten Spule zu nehmen, bis der Zeitpunkt für den Anhieb gekommen war.

An besagtem Freitag kam dieser Zeitpunkt gleich viermal, und alle Karpfen konnten auch glücklich gelandet werden. Eigentlich ein guter Grund, dieser angewandten Methode zu vertrauen, sollte man meinen. Wir stellten erst viel später fest, daß dieser Anfangserfolg nur auf die Jungfräulichkeit unserer Stelle zurückzuführen war. Vollkommen übersahen wir damals aber die vielen Zupfer an der Rutenspitze, bei denen die Schnur noch nicht aus dem Gummi gezogen wurde. Entweder gaben wir den massenhaft vorkommenden Kleinfischen die Schuld oder redeten uns ein, die Karpfen spielten nur mit dem Köder.

Nur allzu selten zischte die Schnur so deutlich aus dem Gummi, daß ein erfolgreicher Anhieb gesetzt werden konnte. Es war James A. Gibbinson mit seinem Buch „Der Karpfen“ (Verlag Paul Parey), der schließlich die Erleuchtung brachte. Meine Güte, wie viele Karpfen haben wir doch „verschlafen“.

Etwa Anfang September des gleichen Jahres hatte Bernd einen nie erhofften Erfolg, zumindest was die Stückzahl angeht. Die angewendete Methode war so einfach, daß man meinen könnte, es handelte sich um gar keine. Dennoch, es war und ist, auf dieses Gewässer bezogen, die einzige und infolgedessen richtige Methode, um erfolgreich und regelmäßig den Karpfen beizukommen. Der übliche Fluchtbiß, der ein zügiges Ablaufen der Schnur zur Folge hat, bleibt hier die Ausnahme. Bei fast allen Karpfen handelt es sich um die sogenannten „Zupfer“. Die Schwierigkeit bei dieser Art von Bissen – die Rolle bleibt geschlossen und die Schnur gestrafft – besteht eigentlich nur im Erkennen des richtigen Moments für den Anschlag.

Tagelange Experimente und Versuche lehrten uns schließlich, den Anhieb schon recht früh zu setzen, das heißt, nach etwa zwei- bis dreimaligem Ausschlagen der Rutenspitze. Alle gefangenen Karpfen waren sauber gehakt und konnten sicher gelandet werden. Bedenkt man, daß als Köder zum Teil ganze Kartoffeln Verwendung fanden und daß sich der Karpfenbiß nur als Zupfer entwickelte, mußte allein schon dieser Umstand zu lebhaften Diskussionen führen. Nachdem auch von anderer Seite verschiedene Erklärungen und Theorien gebracht wurden, wollen wir uns an dieser Stelle nicht scheuen, unsere eigene Meinung kundzutun.

Es hat sich herausgestellt, daß sogenannte Zupfer in der Regel in Gewässern mit enormem Kleinfischbestand vorherrschen, der zum Teil einen hohen Verbuttungsgrad aufweist (Abb. 14). Bei Ködern wie Kartoffeln, mehreren Maiskörnern auf 4er Haken oder großen Teigklumpen hat der Karpfen als Riese und geachteter König unter diesen Kleinfischen keinerlei Futterneid zu befürchten, sei es durch große Brassen, Rotaugen oder andere große Friedfische.

Bei Beachtung solch wichtiger Dinge wie absoluter Ruhe und Deckung, unverdächtigem Anbieten des Köders und optimaler Gerätezusammenstellung kann sich der Karpfen ungestört und ohne Argwohn über den Köder hermachen. Welcher Grund sollte ihn daher zur Flucht veranlassen?

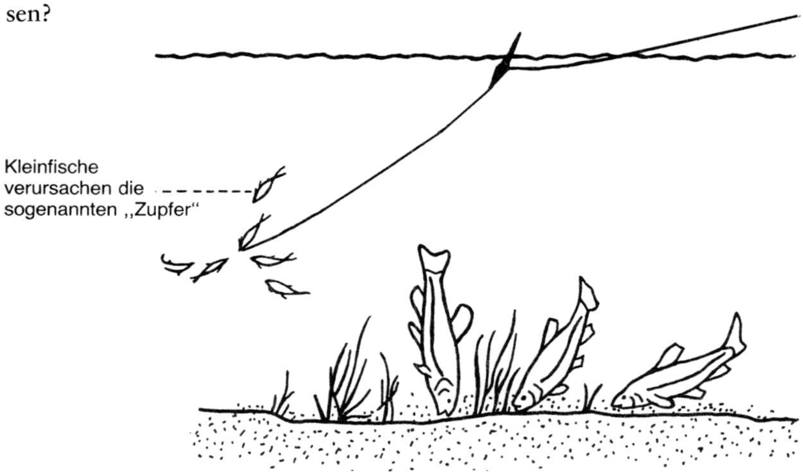

Abb. 14. Zupfen durch viele Kleinfische. Sie attackieren den meistens kleinen Köder schon „unterwegs".

Auf ein anderes Beißverhalten muß sich der Angler in Schiffahrtskanälen und schiffbar ausgebauten Flüssen einstellen. Gerade Kanäle beherbergen, entgegen vielen anderen Meinungen, einen ausgezeichneten Fischbestand. In der Regel gibt es hier durchweg gut abgewachsene Fische jeglicher Art, und dieser Umstand zwingt den Karpfen, sein Freß- und Beißverhalten im Gegensatz zu dem vorher beschriebenen Gewässertyp zu ändern.

Großwüchsige Friedfische wie Brassen, Rotaugen und Schleien sind für ihn ein ernstzunehmender Nahrungskonkurrent; dazu kommt, daß das Angebot an Futter im Gegensatz zu natürlichen Flußläufen oder Seen und Teichen, weitaus geringer ist. Bestimmte Freßbahnen, natürliche Karpfenwechsel oder bestimmte Aufenthaltspunkte sind entscheidende Faktoren, die im Kanal nicht gegeben sind und somit das Karpfenangeln ungemein erschweren.

Obwohl der Bestand, auch an großen Fischen dieser Art, in den meisten unserer Kanäle und begradigten Flußläufe ausgesprochen gut ist, erfordert das spezielle und intensive Angeln auf den Karpfen schon viel Ausdauer und besondere Kenntnisse, z. B. über das Beißverhalten.

Es klingt vielleicht ein wenig übertrieben, wenn behauptet wird: „Alles reine Nervensache". Aber das ist es tatsächlich. Denn wer sich ausdauernd und nur auf den Karpfen konzentriert, eine ganze Saison von Juni bis Oktober am Kanal „festbeißt", wird bei Beachtung verschiedener Dinge, ob Geräte, Methoden, Köder oder auch Nachtangeln, auf das wir später noch eingehen, sicherlich mit etlichen Karpfen belohnt werden. Am Ende der Saison dürfte dann bei einer Bilanz anhand der Fangbucheintragungen auch der ersehnte „Zweistellige" nicht fehlen. Natürlich können es durchaus auch mehrere sein.

Gleich drei Faktoren treffen in bezug auf das Lebens- und somit Freßverhalten des Karpfens im Kanal aufeinander. Zum einen der Schiffsverkehr, zum anderen die durch Schleusungen verursachte ständige und unterschiedliche Strömungsstärke und -richtung, und zum dritten die Monotonie des Gewässers. Für den Neuling auf dem Sektor Karpfenangeln im Kanal stellt sich die Frage: „Wo und wie soll ich die Sache angehen?" Bei einer Gewässerbesichtigung erscheinen Ausbuchtungen, Erweiterungen vor und hinter Schleusen und Hafenbecken als geeignet und ideal. Abgesehen von der bedingten Richtigkeit dieser Vermutung erzielt der Angler die Mehrzahl seiner Karpfenfänge doch nur auf der sogenannten freien Strecke. Im Gegensatz zu den für den Angler nachteilig erscheinenden obengenannten natürlichen Gegebenheiten haben sich die Fische längst daran gewöhnt und ihr Verhalten diesen Voraussetzungen angepaßt. Jahrelanges Kanalfischen auf Karpfen hat gezeigt, daß bestimmte Freßzeiten, etwa frühmorgens oder gegen Abend, wie sie der Angler von anderen Gewässertypen gewohnt ist, hier nicht auftreten.

Als eindeutig beste Zeit für erfolgreiches Fischen hat sich die Nacht erwiesen. Allerdings ist das Nachtangeln nicht überall erlaubt. Mit Ausnahme der kalten Jahreszeiten, etwa von November bis März, werden die wenigsten Karpfen tagsüber gefangen. Als Ursache für das in jeder Beziehung ungewöhnliche Verhalten der Karpfen im Kanal muß zweifelsfrei die schon erwähnte Schiffahrt mit all ihren Begleiterscheinungen angesehen werden.

Die Zeiten der Schleusungen liegen etwa zwischen 6.00 und 20.00 Uhr, an den kürzeren Tagen etwa zwischen 7.00 und 19.00 Uhr. Während dieser unruhigen Zeitspanne denkt kein vernünftiger Karpfen daran, sich auf Futtersuche zu begeben. Auf andere Fischarten bezogen, trifft diese Feststellung sicherlich nicht zu. Auf den Karpfen aber ganz bestimmt. Hat sich gegen 20.00 Uhr das Geschehen allmählich beruhigt, richtet sich die immerwährende leichte Strömung nur noch talwärts. Nun kommt die Zeit der Karpfen. Jetzt können sie sich in Ruhe und ungestört über die reichliche Nahrung, die den ganzen Tag über durch Schiffsschrauben und wechselnde Wasserbewegung freigespült wurde, hermachen. Der Angler sollte sich unbedingt Zeit für ausgedehntes Nachtangeln nehmen. Sogenannte „tote“ Stunden, wie von anderen Gewässern gewöhnt, gibt es am Kanal nur selten. Bis etwa 6.00 Uhr früh kann jederzeit mit Bissen gerechnet werden.

Anders sieht es im Winter aus. Nun kann der Angler durchaus auch tagsüber mit Aussicht auf Erfolg dem Karpfen nachstellen. Die Erklärung hierfür ist denkbar einfach: So wie die Bauindustrie im Winter alljährlich eine Flaute durchzustehen hat, so etwa geht es auch der Schiffahrt. Es fahren erheblich weniger Schiffe kanalauf- und abwärts. Außerdem zwingt das zu Nahrungsmangel führende Absterben der Vegetation den Karpfen zu ständiger Futtersuche. An einen sogenannten Winterschlaf, den es bei Karpfen in solcher Form bekanntlich gar nicht gibt, ist ebenfalls nicht zu denken. Fahren auch nur wenige Schiffe, so reicht diese Unruhe aus, die Karpfen „wach“ zu halten. Und: Wer immer wach ist, hat auch immer Hunger!

Unsere bisher gewonnenen Erfahrungen beziehen sich hauptsächlich auf Kanalstrecken in Nordrhein-Westfalen und hierbei speziell auf den Datteln-Hamm-Kanal. Mancher mag nun vermuten, alles hierbei Gesagte gelte auch für andere Kanalstrecken. Doch das trifft nur sehr bedingt zu. Weil wir es heutzutage beim Karpfen ausschließlich mit Zuchtformen zu tun haben, unterscheidet sich sein Verhalten dem Wildkarpfen gegenüber enorm, und das nicht nur auf die verschiedenen Gewässertypen bezogen.

Selbst ein und demselben Gewässer, ob Teich, See, Fluß oder Kanal, kann sich eine wochenlang erprobte und erfolgreiche Art des Angelns mit einem Mal und ganz unverhofft als nicht mehr fängig herausstellen. Jeder eingefleischte Karpfenangler weiß ein Lied davon zu singen. Doch eine plausible Erklärung für dieses Verhalten wird nur selten gefunden. Meint der Angler, endlich die Ursache des Verhaltens entdeckt zu haben, wird es auch schon wieder durch ein anderes abgelöst. Der Karpfenangler lernt eben nie aus. Immer wieder stellt ihn dieser Fisch durch unerwartete Eskapaden erneut auf die Probe.

In stehenden Gewässern

Zweifellos ist das Karpfenangeln in stehenden Gewässern sehr reizvoll. Ob es aber auch erfolgreich ist, hängt im wesentlichen vom Angler ab und weniger vom Fisch.

Grundvoraussetzung ist genaue Gewässerkentnis, die nur durch intensive Studien am Wasser erlangt werden kann. Fast jeder ist hier unterschiedlicher Meinung und schwört auf seine Methode.

Deshalb halten wir es für besser, die Frage vom Individuum aus anzugehen. Denn wer große Karpfen fangen will, muß so denken wie die Fische.

Um genaue Kenntnis vom Gewässer zu erhalten, empfiehlt sich eine Begehung, zu der verschiedene Dinge mitgenommen werden, wie Polaroidbrille, Fernglas, Rute mit Schwimmer zum Ausloten der Wassertiefe, etwas zum Schreiben und schließlich viel Zeit.

Während der Begehung werden Uferbeschaffenheit und -verlauf sowie Form des Gewässers und Wasserfauna eingehend studiert, beobachtet, skizziert und schriftlich festgehalten. Stellen, an denen Karpfen gefangen werden, zeichnet der Angler ebenfalls ein.

Oftmals ist es gar nicht schwer, bevorzugte Standplätze von Karpfen auszumachen. Nur denkt man gerade nicht daran oder rechnet nicht damit, daß einem die Fische praktisch vor den Füßen stehen. Baumgruppen, die am Ufer wachsen, bieten den Karpfen idealen Unterschlupf. Unter den Ästen, die über das Wasser ragen oder hineingewachsen sind, fühlen sie sich sehr sicher. Das Nahrungsangebot ist dort auch reichlich, denn allerlei Getier fällt ins Wasser. Im Sommer, also zur besten Zeit, lassen sich die Karpfen hier in aller Ruhe beobachten. Die Polaroidbrille leistet dabei gute Dienste. Sie hebt die Wasserspiegelungen weitgehend auf und ermöglicht dadurch einen weiteren Einblick in die Tiefe. Vorsichtig, im Zeitlupentempo und jeden Schritt kontrollierend, nähert sich der Beobachter solchen Plätzen. Das geringste Geräusch veranlaßt den Karpfen zur sofortigen Flucht, und der Platz gibt nun keinen Hinweis mehr auf das gewöhnlich dort stehende Schuppenwild. Derart aufgescheuchte Fische kehren nicht so schnell an diese Stelle zurück. Umsichtiges und geräuschloses Verhalten ist deshalb oberstes Gebot. Diesmal hat es der Beobachter also geschafft, sich den Karpfen so weit zu nähern, daß er sie mit der Hand hätte berühren können. Außerdem ist es sehr interessant, die Fische auf so kurze Distanz zu beobachten, denn nirgends können wir ihr Verhalten besser kennenlernen, als in solchen Situationen.

Mit dem „Gesehenwerden" ist es in dieser Lage nicht weit her, weil sich hochstehenden Fischen ein sehr ungüstiger Winkel zum Überwasser-

Abb. 15. Hier riecht es förmlich nach Karpfen. Und richtig: Aus guter Deckung heraus landeten Bernd und Roland gute Karpfen.

sehen bietet. Werden sie von einem Baum aus beobachtet, ist das Problem sogar völlig ausgeschaltet. Den Beweis erhielt ein Gruppenmitglied, als es an einem vereinseigenen Teich angeln wollte.

Als Roland gegen 9.00 Uhr morgens am Gewässer eintraf, war es schon ziemlich warm, keine Wolke war am Himmel zu sehen, und die Sonne „knallte" unerbittlich aufs Wasser. Die erste Handlung bestand wie immer darin, sich vorsichtig dem Wasser zu nähern, um erste Hinweise zu erhalten. Und richtig, seine Vermutung wurde bestätigt. Fast über die gesamte Länge des Teiches standen die Karpfen dicht unter der Wasseroberfläche, und zum Teil ragten ihre Buckel aus dem Wasser. Während einige sich regungslos sonnten, waren andere damit beschäftigt, Nahrung von der Oberfläche einzusaugen. Doch ergab sich hier ein Problem. Wie sollte Roland seinen Angelplatz auf der anderen Seite erreichen, ohne von den Fischen bemerkt zu werden. Gleich vornean zu angeln, kam nicht in Frage, weil hier immer wieder vom Parkplatz her andere Vereinsmitglieder zu ihren Plätzen gingen und die Stelle passieren mußten. Auf der anderen Seite blieb es dagegen fast immer ruhig. Also machte er sich auf den Weg. Schritt für Schritt schlich er sich ganz langsam im Abstand von etwa 2 m vom Wasser am Ufer entlang, ständig den Blick auf die Karpfen gerichtet. Kein Fisch hatte etwas bemerkt. Als er am Angelplatz eintraf, standen sie noch genau wie vorher an ihren Stellen. Die Länge des Weges betrug etwa 50 m. 15 Schleichminuten waren dafür erforderlich. Die Mühe hatte sich indes gelohnt, denn bereits fünf Minuten nach Auswerfen des Schwimmbrotes wurde der erste Karpfen gedrillt. Zu vermuten, daß die Fische rein gar nichts sehen, wäre ein Fehlschluß. Wichtig ist aber, daß der Anschleichende in vorsichtigem Abstand zum Ufer langsam und bedächtig vorankommt. Hastige Bewegungen, sollten sie noch so leise oder geräuschlos erfolgen, wirken unnatürlich und veranlassen unser Gegenüber zur sofortigen Flucht.

Wie schon gesagt, fangen wir hochstehende Karpfen mit Schwimmbrot. An solchen Standplätzen aber, wie zuvor beschrieben, kann das sehr schwierig werden. Die über oder in das Wasser ragenden Äste erfordern viel Umsicht. Einen Karpfen, der im dichten Astgewirr steht, zu beangeln, wäre Unsinn. Ebenso sinnlos erscheint es, einem Karpfen das Brot direkt vors Maul zu werfen, wenn er sichtlich reglos verharrt und sich ausruht. Er würde erschrecken und in rascher Flucht davonschleichen. Richtiger ist es, Ausschau nach Fischen zu halten, die umherziehen und nach Nahrung suchen. Genau verfolgen wir ihre Wege und wählen dementsprechend einen Angelplatz, der weitgehend hindernisfrei ist. Da er an solchen Stellen praktisch vor seinen Füßen angelt, verzichtet der Angler auf jegliche Beschwerung wie z. B. Wasserkugel oder Blei. Die am Haken sitzende Brotkruste wird nur kurz ins Wasser getaucht, so daß sie sich erstmal vollsaugt. Sie erhält dadurch so viel Gewicht, daß sie weit genug geworfen werden kann.

Hat der Karpfen den Köder entdeckt, wird er ihn entweder gleich nehmen oder ihn nur begutachten, um ihn zu einem späteren Zeitpunkt zu fressen, wenn ihm nicht gerade ein anderer Fisch aus Futterneid zuvorkommt. Da genau zu sehen ist, wann der Karpfen den Köder genommen hat, kann der Anschlag gefühlvoll sein. Die optimal eingestellte Rollenbremse muß nach dem Haken des Fisches sofort gelöst werden, um die erste Flucht sicher abzufangen. Den Fisch zu halten würde je nach Größe zu erheblichen Belastungen von Schnur und Rute führen, so daß ein Bruch fast unvermeidbar wäre. Ein unfreiwilliges Bad könnte die Folge sein.

Auf jeden Fall schießt der Karpfen am Ufer entlang. Jetzt muß die Rutenspitze sofort unter Wasser gedrückt werden, damit sich die Schnur nicht in den Ästen verfängt. Der Karpfen versucht ganz sicher, irgendein Hindernis, das für ihn ja Schutz bedeutet, anzusteuern. Deshalb forciert man beizeiten die Flucht, notfalls mit gefühlvoller Vollbremsung. Ist er erstmal vom Hindernis abgebracht, dürfte der Kampf fast gewonnen sein. Aber Vorsicht: Gerade in der Endphase des Drills darauf achten, daß sich schließlich nicht doch noch die Schnur durch eine kleine Unachtsamkeit in Ästen verfängt. Mancher mag vielleicht sagen, daß sei ihm viel zu umständlich und anstrengend. Wer aber Erfolg haben will, muß sich auch mit solchen Situationen vertraut machen, denn nicht immer stehen die Karpfen gerade da, wo sie die Angler gern hätten.

Sorgenfreier dagegen ist das Oberflächenangeln in weitgehend hindernisfreien oder offenen Gewässern. Hier kann der Fisch wesentlich sicherer gedrillt und ihm auch mehr Schnur gewährt werden. Erfordern es die Umstände, wird die Kruste auch hier ohne Beschwerung gefischt. Stehen die Karpfen weiter draußen, montieren wir eine Wasserkugel oder ein Blei. Welcher der beiden Möglichkeiten jetzt der Vorzug zu geben ist, entscheiden das Beißverhalten der Fische und die Wasserverhältnisse.

Soll mit treibendem Köder geangelt werden, wird die Wasserkugel bevorzugt. Zwischen anderem Treibgut, wie z. B. Blättern oder abgestorbenen Wasserpflanzen, wirkt der Köder natürlich und bringt sehr guten Erfolg. Der Schnurfangbügel bleibt bei dieser Methode geschlossen, und die Schnur wird evtl. mit Schnurfett behandelt, so daß sie an der Oberfläche bleibt, womit ein direkter Anschlag gesichert ist.

Das Angeln mit verankerter Brotkruste ist eine sehr gute Methode, um hochstehende Karpfen zu fangen, wenn in Krautlöchern, bei starker Drift im Freiwasser, oder vor Seerosenfeldern gefischt wird. Die Montage sieht folgendermaßen aus:

Die Rute wird wie zum Grundangeln mit dem Blei montiert. Das Vorfach ist etwas länger als normal. Nach dem Auswerfen bleibt der Schnurfangbügel offen. Jetzt wird gewartet, bis die Kruste durch ihren Auftrieb an der Wasseroberfläche erscheint. Jetzt den Schnurfangbügel schließen und die Rute in zwei Rutenhalter ablegen. Die Rutenspitze zeigt in jedem Fall in Richtung Köder. Hat der Fisch die Kruste ergriffen, nimmt der Angler die Rute in die Hand und wartet, bis sich die Schnur strafft. Jetzt erst folgt der Anschlag, weil nun direkter Kontakt zum Haken besteht und somit nicht unnötig freihängende Schnur im Wasser zu bewegen ist. Eine genaue Montageanleitung für verankerte Brotkruste zeigt Abb. 16.

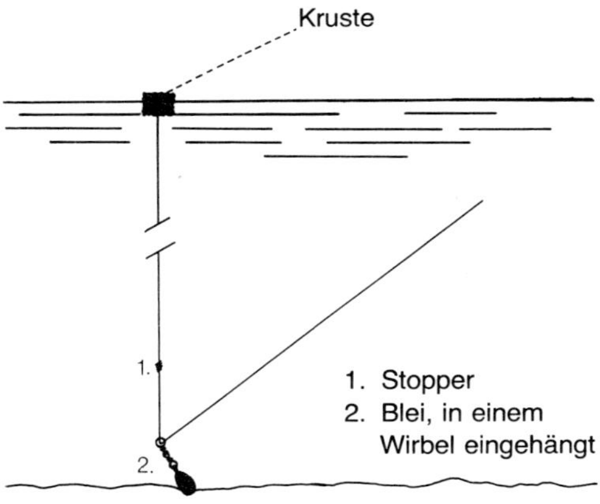

Abb. 16. Gerätemontage für die verankerte Brotkruste.

Eine weitere Methode, das Schwimmbrot anzubieten, ist das Randtippen, wenn die Karpfen dicht am Ufer stehen oder daran entlang ziehen. Der Köder wird hier direkt unter der Rutenspitze angeboten. Der Schnurfangbügel bleibt geöffnet und als Bißanzeiger dient ein Stück Silberpapier, das zylindrisch geformt auf die Schnur gehängt wird (Abb. 17).

Als klassisches Karpfenangeln bezeichnen wir jedoch das Angeln auf Grund mit offenem Schnurfangbügel, das sogenannte Free-Line-Fishing. Wie die Montage für das Gerät aussieht und wie die Methode angewendet wird, wurde ausführlich im Kapitel „Geräte, Methoden, Köder" beschrieben.

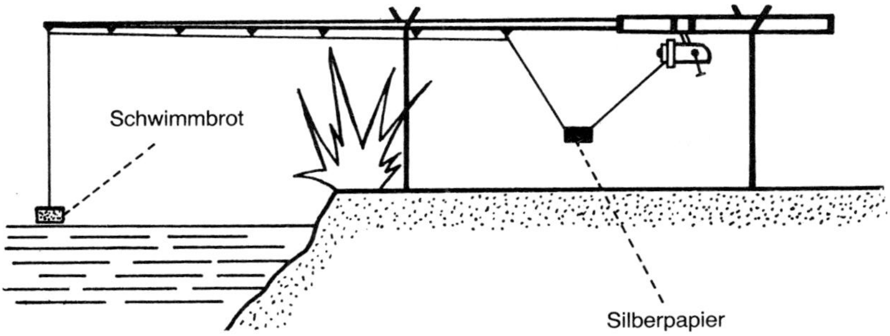

Abb. 17. Vorteilhafte Bißanzeige im Uferbereich, zumal nachts.

In jedem Fall ist diese Art des Angelns sehr ruhig. Darauf kann sich jeder einrichten. Eine Liege, die wir zum Karpfenangeln stets mitführen, bietet einen idealen Platz, in aller Ruhe auf den Biß zu warten. Sie schützt vor Feuchtigkeit der Wiesen und vor kaltem Boden. An sehr warmen Tagen reicht auch eine Stoffplane aus. Gerade bei solchen Sitzungen auf Karpfen legen wir Wert auf Bequemlichkeit, ja Komfort, denn oft muß der Angler lange auf einen Biß warten, und nicht jeder Tag bringt einen Karpfen. Dennoch sollte die Ausrüstung so in Grenzen gehalten werden, daß sie sich noch bequem tragen läßt.

Bestehen Zweifel, ob dies auch die richtige Stelle zum Angeln ist, wird in näherer Umgebung nach Hinweisen Ausschau gehalten, die auf die Gegenwart von Karpfen schließen lassen. Stark angetrübtes Wasser, herausgerissene Pflanzen oder sich bewegende Pflanzenteile sind ein sicheres Anzeichen dafür. Die Fische suchen im Schlamm oder an den Wurzeln der Wasserpflanzen nach Nahrung. Deshalb legt sich der Angler gleich mehrere Fangplätze an. Das Aufspüren von Karpfen und Karpfenwechseln ist der halbe Weg zum Erfolg. Seerosenfelder, Schilfgürtel oder Krautbänke erweisen sich als bevorzugte Standplätze von Karpfen und weisen meistens natürliche Karpfenwechsel auf.

Die Fische durch Anfüttern an einen bestimmten Platz und Köder zu gewöhnen, erscheint sinnvoll. Wir haben damit schon sehr gute Ergebnisse erzielt. Es sollte aber wirklich nur ein bestimmter Köder verwendet und über einen längeren Zeitraum damit angefüttert werden. Die Kartoffel, z. B. ungepellt, eignet sich hierzu sehr gut. Störungen von Kleinfischen werden dadurch nahezu ausgeschaltet.

Aber was nützt die beste Methode, wenn der Angler nicht darauf achtet, gut getarnt zu sein und sich lautlos zu bewegen. Jede Deckungsmöglichkeit ist willkommen. Ist keine natürliche Deckung vorhanden,

Abb. 18. Während Rolf seinen Karpfen, den er hinter einer Krautbank gefangen hat, betrachtet, befreit Roland dessen Rückenflossenstrahlen aus dem Keschernetz.

wird eine Sichtplane aufgestellt, ein Schirm oder Brolli (Schirmzelt), wohinter sich der Angler bewegen kann, ohne daß der Fisch es bemerkt. Umherlaufen, das nur Erschütterungen auf den Boden überträgt und häufiges Einholen und Auswerfen des Köders sind zu vermeiden.

In fließenden Gewässern

Über den Karpfen und seinen Fang in Seen, Teichen sowie in anderen stehenden Gewässern wird in der Angelliteratur ausführlich berichtet, und die Mehrzahl der Petrijünger stellt Karpfen nur in diesen Gewässern nach. Auf Flußkarpfen wird dagegen wesentlich weniger geangelt, obwohl gerade diese Karpfen in vielen Flüssen zu den besten Sportfischen überhaupt zählen und schon manchen spektakulären Kampf geliefert haben.

Glücklicherweise besitzen wir die Angelerlaubnis für einen sehr guten Karpfenfluß, an dem sich kaum ein anderer Angler auf diese Fischart spezialisiert hat, so daß deren Karpfen zumeist reine Zufallsfänge bleiben. Wer über einen längeren Zeitraum Erfolge vorweisen will, kommt an einer Spezialisierung auf dieses Angeln nicht vorbei.

Die erfolgreichste Methode für das Flußfischen auf Karpfen wurde bereits im ersten Kapitel beschrieben. Doch mit diesem Wissen allein wird man nur wenige Karpfen fangen, denn gerade das Finden der Fische bereitet dem Neuling bei Flußfischen erhebliche Schwierigkeiten. Erfahrungen, die z. B. beim Angeln auf andere Fischarten im gleichen Fluß gesammelt wurden, lassen sich nutzbringend verwerten.

Vorteilhaft sind weiterhin genaue Kenntnisse etwa über Flußverlauf, Aufweitungen, Strömungsverhältnisse und Bewuchs, und das möglichst die gesamte Angelstrecke entlang.

Auf keinen Fall sucht der gewiefte Fachmann seine Angelstelle nach dem möglichst problemlosen Zugang aus, sondern einzig und allein nach dem Vorhandensein von Karpfen. Wenn das Gepäck auch noch so schwer drückt, sollte kein Weg zu weit sein, um zu einer guten Karpfenstelle zu kommen.

Günstig, auch auf andere Fischarten bezogen, wirken sich allemal dicht bewachsene Flußuferstrecken aus, die den Fischen Nahrung und bisweilen Unterschlupf gewähren und den Angler gegen das Wasser abschirmen. Aber auch diese bewachsenen Strecken bieten noch keine Gewähr für guten Karpfenfang, denn die Karpfen sind keinesfalls gleichmäßig im ganzen Wasser verteilt. Sie halten sich vielmehr immer wieder an bestimmten Plätzen auf, die sich allerdings, durch Witterungseinflüsse bedingt, verändern können. Strömungsgeschwindigkeit und Wassertemperatur sind hierbei von entscheidender Bedeutung.

In der Regel befischt man bei stärkerer Strömung und niedrigen Wassertemperaturen die ruhigeren Bereiche der Flußstrecke. Hier sind die Strömungsverhältnisse normal, das Wasser hat 14 – 19° C. Es wird in der vollen Strömung, etwa Flußmitte, gefischt.

Das Anfüttern, in größeren stehenden Gewässern der Erfolgsgarant, bringt beim Flußkarpfenangeln nicht den Erfolg, den sich der Neuling erhofft.

Grundsätzlich wird gegen dosiertes und gezieltes Anfüttern niemand etwas einzuwenden haben. Doch darf das nicht wahllos an irgendeinem Platz im Gewässer vor sich gehen, sondern sollte an einem Karpfenwechsel stattfinden, der allerdings nach unseren Erfahrungen ebensoviele Karpfen verspricht, wenn er nicht mit Anfutter betreut wurde.

Schon vor einigen Jahren hatte unser Gruppenmitglied Bernd ein sehr befriedigendes Fangerlebnis an einer nicht angefütterten Stelle.

Es war September, in etwa zwei Wochen würde die Karpfensaison für uns beendet sein, und wir waren mit unseren Gedanken schon bei den großen Lippedöbeln, als Bernd darauf verfiel, die letzten Tage seines Urlaubs den Flußkarpfen zu widmen.

Die vergangenen Monate hatten schon eine beachtliche Karpfenstrecke gebracht, und die Wassertemperaturen sowie die Wetterlage versprachen jetzt gute Beute.

Etwas verspätet, gegen 8 Uhr, kam Bernd ans Gewässer. Leichtes Hochwasser, durch nächtlichen Regen verursacht, veranlaßte ihn, einen etwas längeren Anmarschweg in Kauf zu nehmen, um an der Innenseite einer Flußkurve zu angeln, in deren Strömungsschatten sich eine leichte Rückströmung bildete und die Karpfen gegen die Hauptströmung abschirmte.

Wie sich später herausstellte, waren diese Überlegungen genau richtig. In dieser oder ähnlichen Situationen zahlen sich die an einer Flußstrecke gewonnenen langjährigen Erfahrungen und Kenntnisse aus.

Kurze Zeit nachdem beide Ruten eingesetzt waren, zeigte sich schon der erste Biß auf Kartoffel, die an diesem Tag ausschließlich als Köder diente, und einige Sekunden später war der erste Karpfen am Haken.

Wer schon einmal einen Flußkarpfen gefangen hat, wird bestätigen, daß dieser Fisch sowohl dem Gerät als auch dem Angler einfach alles abverlangt und der Drill eines großen Flußkarpfens zu den schönsten Abenteuern eines Anglerlebens zählt.

Abb. 19. Gut getarnt ist der halbe Weg zum Erfolg.

Nachdem der erste Karpfen gelandet und die Köder wieder zu Wasser gebracht waren, kündigte sich gleich der nächste Karpfen an, der etwa zehn Minuten später gelandet wurde und sich als 3¼ kg schwerer Schuppenkarpfen entpuppte. Bis 15 Uhr wurde noch ein 4 kg-Karpfen gelandet. Zwei Fische der gleichen Gewichtsklasse gingen beim Keschern verloren; zwei weitere sprengten beim Drill die Schnur.

Dann trat eine Beißpause von etwa drei Stunden ein, und Bernd dachte schon an den beschwerlichen Rückmarsch, als sich erneut ein Biß andeutete, der dann auch in Sekundenschnelle erfolgte. Sofort wurde angeschlagen.

In einem Zug nahm der Karpfen dreißig bis vierzig Meter Schnur von der Spule, doch nach ca. 15 Minuten härtestem Drill entlang eines dicht mit Weiden bestandenen Ufers wurde ein prächtiger 4½ kg schwerer Spiegelkarpfen gelandet, der den so erfolgreichen Fangtag abschloß.

Daß man sich auch bei dieser Art des Angelns vorsichtig am Ufer bewegt, ist wohl selbstverständlich. Die erforderliche Deckung bietet hoffentlich die Natur mit weidenbewachsenen Uferstrecken in ausreichendem Maße an.

Um eine geeignete Angelstelle herzurichten, bedient man sich nicht etwa einer Axt und verursacht auf zehn Quadratmetern einen Kahlschlag, wie leider schon an einigen Flußstrecken von Unverantwortlichen vorgenommen. Der Angler schneidet nur wenige Zweige und Gräser zurück. Denn nur, wenn die Stelle so unauffällig wie möglich bleibt, wird er am Ufer untertauchen und den einen oder anderen Karpfen überlisten können. (Abb. 19).

Karpfenangeln bei Nacht

Karpfen und Nachtangeln sind in einem Atemzug zu nennen. Natürlich ist es möglich, ein Leben lang nur während der hellen Tagesstunden Karpfen zu fangen. Wer sich jedoch dieser Fischart auf Gedeih und Verderben verschrieben hat, kann sich dem Reiz und den enormen Fangaussichten, die uns die Nacht bietet, nicht entziehen.

Die Gründe, für ein von vielen Vereinen und Pächtern ausgesprochenes Nachtangelverbot, sind, zumindest für uns, nicht stichhaltig. Vermutlich zeigt sich hier ein Mißtrauen gegenüber unserer Zunft, vielleicht durch ein paar schwarze Schafe verursacht. Die Begründung, das Verbot diene der Sicherheit der Angler, wirkt schon fast peinlich oder lächerlich. Eher trifft wohl zu, daß wir „bösen" Angler während der Dunkelheit schlechter zu kontrollieren sind. Den Verantwortlichen wird sicherlich bekannt sein, daß Fische, insbesondere Karpfen, bei Nacht besonders gut an den Haken gehen.

Vergessen wir nun die Gewässer mit Nachtangelverbot und befassen uns mit jenen, wo sich der Angler uneingeschränkt dem Reiz des Nachtangelns hingeben kann. Wir haben das Glück, sämtlich unserem Verein zur Verfügung stehenden Gewässer rund um die Uhr befischen zu können. Im einzelnen handelt es sich hierbei um ein großes Teilstück der Lippe, mehrere Altarme, eine Wasserschloßgräfte (Wehrgraben) und sämtliche Kanäle Nordrhein-Westfalens.

Gerade im Kanal ist das Nachtangeln auf Karpfen sinnvoll und recht ergiebig. Im Kapitel „Beißverhalten in den unterschiedlichsten Gewässertypen" gingen wir bereits auf die Vorteile des Nachtangelns im Kanal ein. Als beste Spanne für erfolgreiches Karpfenfischen bei Nacht im Kanal hat sich der Zeitraum von Anfang Mai bis Ende Oktober herausgestellt. In jeder Saison werden allein im Datteln-Hamm-Kanal etliche Fische über 5 kg Stückgewicht beim Nachtangeln überlistet. Spezialisten bringen es hier im Jahr auf vierzig bis fünfzig Karpfen, wobei etwa acht bis zehn Exemplare die 5 kg-Marke überschreiten und Stückgewichte über 9 kg gar nicht so selten sind. Wenn man bedenkt, daß sich die Gepflogenheit unserer englischen Nachbarn, grundsätzlich jeden Fisch seinem Element zurückzugeben, bei uns noch längst nicht durchgesetzt hat, muß man sich fragen, wo die vielen Karpfen immer wieder herkommen.

An dieser Stelle seien einige allgemeine Anmerkungen zum Kanal erlaubt. Dr. Arnold Bacmeister beendet einen Artikel – „Vorkommen des Karpfens" – nachdem er, vom Kanal abgesehen, alle Gewässertypen eingehend bedacht hat, mit dem Schlußsatz: „Auch in wenig befahrenen Kanälen kommen Karpfen vor". Mit diesem Satz werden wohl Unerfahrenheit und Unkenntnis vieler Angler, das Kanalfischen betreffend, angesprochen. Selbstverständlich bietet ein seerosen- und schilfbewachsener Teich oder ein natürlich verlaufender Fluß stärkere optische Reize als ein „trostlos und monoton daliegender Kanal". Aber wenn es um das Fangen großer Karpfen oder Rotaugen geht, stellt der Kanal, ob wenig oder viel befahren, so manches „Traumgewässer" klar in den Schatten.

Außerdem ist zu bedenken, daß die Schiffahrtskanäle, zumindest im westdeutschen Raum, den Großteil der hier dem Angler zur Verfügung stehenden Gewässer ausmachen. Für viele Ruhrgebietler ist der Kanal schlichtweg das Hausgewässer, und der Leser kann es ruhig glauben: Kaum einer ist darüber betrübt! Wenn wir von der „Specimen Gruppe" im Hinblick aufs Karpfen- und Rotaugenangeln vor der Gewässerwahl stehen, fällt diese, trotz reichlich vorhandener anderer Möglichkeiten, oft zugunsten des Kanals aus, und wir wissen schon weshalb.

Zurück zum Nachtangeln.

Neben seinem guten Karpfenbestand bietet der Kanal einen weiteren nicht zu verachtenden Angelvorteil, der gerade dem Nachtangler zugute kommt. Hier gibt es keinen Uferbewuchs in Form von Bäumen, überhängenden Sträuchern und Büschen, auch keine Seerosenfelder oder sonstige hinderliche Wasserpflanzen. Das gibt die Möglichkeit, mit der Gerätezusammenstellung einige Nummern zurückzugehen. Das gilt sowohl für den Schnurdurchmesser und die Hakengröße als auch für die Rute. Der Drill eines 10-kg-Fisches an 0,25-mm-Schnur und einer Rute mit einer Testkurve von 200-g bereitet kaum Probleme. Sollten die etwa 150-m Schnurreserve einmal nicht ausreichen, was hindert den Angler daran, dem Fisch zu folgen? Und das auch bei Dunkelheit!

Ein Großteil der Kanalufer ist durch Spundbohlen befestigt. Das ist zwar nicht schön anzusehen, schließt aber die Gefahr von Hängern aus. Wenn bei Steinschüttungen etwa 10 m bis zur eigentlichen Kanalsohle überbrückt werden müssen, so kann der Angler bei spundbohlenbefestigten Ufern fast zu seinen Füßen fischen.

Ein weiterer Nachteil ergibt sich aus den lose aufgeworfenen Steinen und dem Fehlen jeglicher Deckung. Nur ein Artist vermag sich hier eine ganze Nacht über ruhig und unauffällig zu verhalten.

Anders sieht es dagegen bei Spundbohlenufern aus. Normalerweise liegt der Wasserspiegel nicht mehr als etwa 1½ m unter der Oberkante der Spundbohlen. Diese ragen etwa ½ m über das eigentliche Ufer hinaus und geben dem Angler die nötige Deckung. Siehe Abbildung 20.

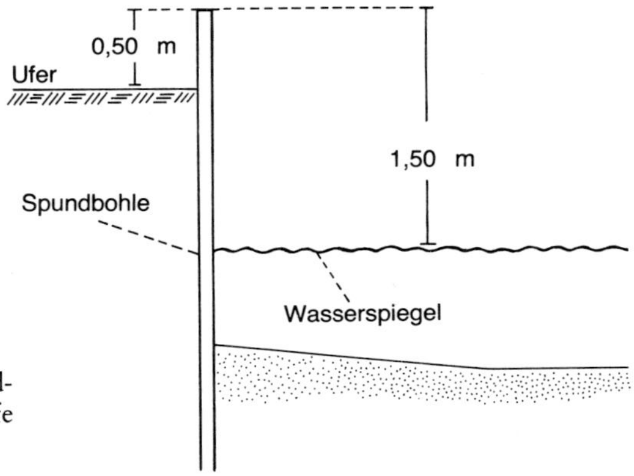

Abb. 20. Gehweg, Spundbohlenhöhe und Wassertiefe am Kanalufer.

Manchen Anglern bereitet das Ablegen der Ruten an Spundbohlen gewisse Schwierigkeiten. Hierfür gibt es zwar käufliche Rutenaufleger, auch phantasievollste Eigenentwicklungen waren schon zu sehen; sie alle haben jedoch gewisse Nachteile, und so manche Rute ist schon samt Karpfen auf Nimmerwiedersehen verschwunden.

Die schon im Kapitel „Geräte, Methoden, Köder“ empfohlene teleskopierbare Rutenhalter mit V-Auflage leistet auch unter diesen Bedingungen sichere und gute Dienste. Auf Abbildung 4 wird dies noch einmal verdeutlicht. Hinter der Spundwand verursacht auch eine Petroleumlampe, sofern als Lichtquelle überhaupt erforderlich, keine Nachteile. Als Bißanzeiger dienen Schwing- oder Zitterspitze, versehen mit einem „Glimmi“ oder einer Leuchtflüssigkeit im Klarsichtröhrchen mit Stöpsel. Solche Sichthilfen werden mit Tesa-Film befestigt. Dies beeinflußt die ohnehin schwache Lichtquelle nicht negativ. Außerdem bleibt dabei der Schnurdurchlauf frei und unbehindert, was bei der Benutzung eines Gummis nicht immer der Fall ist.

Oberstes Gebot beim Nachtangeln ist neben richtigem Verhalten die peinlich genaue Ablage von Geräte und sonstigem Zubehör, seien es Kescher, Butterbrote oder Lösezange. Nichts ist ärgerlicher, als durch

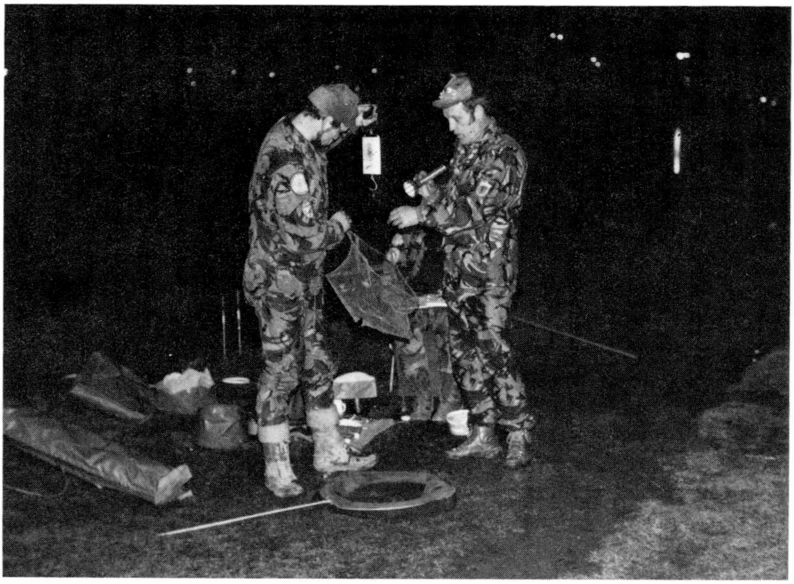

Abb. 21. Das Einjustieren der Waage erfordert bei Nacht einen zweiten Mann.

Unordnung am nächtlichen Angelplatz vermeidbare Unruhe hervorzurufen oder gar nach stundenlangem Warten den ersehnten Karpfen durch Suchen des Landungskeschers oder Herumstolpern über das wie Gerümpel daliegende Gerät wieder zu verlieren. Die Abbildung 21 zeigt, wie der Angelplatz während des Nachtangelns bei uns aussieht.

Während das Karpfenfischen bei Nacht im Kanal nicht allzu problematisch ist, hat der Angler in Flüssen, Altarmen und Seen mit weitaus größeren Schwierigkeiten zu rechnen. Ohne richtiges Verhalten, ohne Deckung und Tarnung läuft hier überhaupt nichts. Liegt der Köder nicht gerade weit draußen auf einer schon lange vorgefütterten Stelle, muß sich der Angler auf das Bestreben der Karpfen, bei Nacht die Ufernähe aufzusuchen, einstellen.

Das eigentliche Lager, wir nennen es, da wir meistens mit mehreren Anglern am Wasser sind, „Basislager", wird in ausreichendem Abstand vom Wasser errichtet. Nun sucht jeder für sich, bewaffnet mit Rute, Köder, Rutenhalter, Landungskescher und einer Plane als Sitz- oder Liegegelegenheit, einen ihm günstig erscheinenden Angelplatz auf. In den vielen und großen Taschen des Tarnanzuges finden alle benötigten Utensilien, wie Hakenlöser, Taschenlampe, Ersatzhaken und Bleie, Zigaretten, Cola-Dose und so manches mehr, ihren Platz. So kommt keiner in die Verlegenheit, alle paar Minuten wieder das Basislager aufsuchen zu müssen.

Sind die Witterungsbedingungen so miserabel, daß auf Schirm oder „Brolli" nicht verzichtet werden kann und eine Decke unbedingt zur Ausrüstung gehören sollte, schlägt jeder für sich ein entsprechendes Lager auf, allerdings auch hier in gebührendem Abstand zum Ufer. Erforderliche und fehlende Deckung verschafft sich der Angler durch das Aufstellen einer unauffälligen Plane (Tarnplane). Bei Verwendung zweier Ruten – auch für das Nachtangeln auf Karpfen ist das durchaus zu vertreten – sollten beide zur rechten Hand, dichtbeieinander, so abgelegt sein, daß sie ohne größere Mühe zu erreichen sind. Dann kommt bei einem plötzlichen Biß der Anschlag rasch. Jetzt steht der Angler auf, um den Drill nach allen Regeln der Kunst durchzuführen. Dies ist so gemeint wie geschrieben. Denn welcher Nachtangler hätte nicht schon beim Kampf mit einem „nur" 3 kg-Karpfen wetten mögen, nun den langersehnten, weit über 5 kg schweren Fisch am Haken zu haben.

Ganz spezielle Bißanzeiger

Die Schwingspitze, der Quiver-Tip (Zitterspitze)

Das Schwingspitzenangeln richtig ausgeführt, ist sicher eine der fängigsten Angelmethoden in stehenden Gewässern, insbesondere auf Rotaugen und Brassen.

Es ist allerdings nicht damit getan, an irgendeiner Rute eine Schwingspitze zu befestigen, den Köder auszuwerfen, sich in seinen Angelstuhl zurückzulehnen und auf besondere Fänge zu hoffen.

Der Gerätezusammenstellung kommt bei dieser Angelart besondere Bedeutung zu. Lange wurde in Expertenkreisen mit unterschiedlichen Rutenlängen experimentiert. Zunächst verwendete man etwa 4,00 m lange Ruten, die sich aber schon bald als unbrauchbar erwiesen, da sie wegen ihrer Länge unhandlich waren und die Schwingspitze nur mangelhaft beobachtet werden konnte.

Abb. 22. Zu gutem und solidem Gerät gehört neben einer geeigneten Schwingspitzenrute auch ein geräumiger Setzkescher für die schonende Behandlung der Fische. Dazu gehört auch dieser praktische Wetterschutz.

Abb. 23. Eine Menge Brassen und zwei gute Schleien. Sie wurden mit der Schwingspitzenrute, an der eine leichte Spitze montiert war, gefangen.

Nach heutigen Erkenntnissen kann man eine Rute von etwa 2,70 m bis 3,05 m Länge als ideal bezeichnen.

Den Neuling erwartet auf dem Gerätesektor eine Vielzahl an Ruten, die sich zum Schwingspitzenangeln eignen sollen, sich aber im nachhinein größtenteils als unbrauchbar herausstellen.

Besondere Vorsicht ist bei Ruten geboten, die in Fernost hergestellt werden und oft nur äußerlich einer guten Schwingspitzenrute nahekommen. Wer gutes und solides Gerät besitzen will, sollte keine Experimente machen und sich möglichst Ruten englischer Herkunft zulegen, deren Hersteller über jahrelange Erfahrung verfügen und fast ausnahmslos ausgereifte Produkte fertigen. Genau wie beim Schwimmerangeln, wo es verschiedene Posentypen gibt, kommt der Angler auch beim Schwingspitzenangeln nicht mit nur einem Modell aus. Für weite Entfernungen und tiefe Gewässer benutzen wir eine etwa 30 cm lange Spitze, wogegen bei geringen Entfernungen und Wassertiefen um 3,00 m eine 20 cm lange Spitze gebraucht wird. In sehr flachen Gewässern empfiehlt es sich, für kurze Entfernungen eine 15 cm lange Spitze zu nehmen.

Es gibt außerdem noch eine ganze Reihe von Spezialspitzen, auf die im Hinblick auf die verschiedenen Fischarten noch speziell eingegangen wird.

Abb. 24. Roland beim Schwingspitzenangeln aus sicherer Deckung heraus.

Als Beschwerung dient beim Schwingspitzenangeln vorzugsweise ein birnenförmiges Blei, das gewichtsmäßig den örtlichen Gegebenheiten am Gewässer angepaßt werden muß. Das Blei sollte allerdings mindestens so schwer sein, daß die Schwingspitze bei ausgeworfener Angel in der 110°–120° Position zur Rute stehenbleibt.

Abb. 25. Verschiedene Schwingspitzen.

Als Schnurstärke kommen 0,15 mm – 0,20 mm, beim Karpfenangeln auch 0,25 mm, bei gleichzeitiger Verwendung schwererer Spezialschwingspitzen in Betracht.

Ebenso wichtig wie Bebleiung und Schnur ist die richtige Rutenstellung. Ein Angelplatz etwa in Höhe des Wasserspiegels ist am günstigsten.

Die Rute wird in zwei V-förmige Rutenhalter etwa rechtwinklig zum Ufer ausgelegt. Die Schwingspitze hängt dabei 1 – 2 cm über dem Wasserspiegel. Bei stärkerem Wind ist es vorteilhaft, sie bis zu 2 cm im Wasser zu belassen, um eine bessere Bißerkennung zu gewährleisten.

Quiver-Tip

Der Quiver-Tip ist praktisch eine Verlängerung der eigentlichen Rutenspitze. Nur ist diese Spitze viel feiner und sensibler. Doch gibt es beim Quiver-Tip gravierende Unterschiede, und zwar in Länge, Aktion und Konstruktion.

Zunächst etwas über Länge und Aktion, die unterschiedlich sind, je nachdem, wo gerade geangelt wird. Bezeichnen wir die Länge einmal als kurz, mittel oder lang. Die Firmen bieten unter diesen Bezeichnungen verschiedene Ausführungen an. Deshalb legen wir uns hier nicht auf ein bestimmtes Maß fest.

Ein kurzer Quiver-Tip hat eine weiche, feinfühlige Aktion und ist für das Angeln in Ufernähe bei geringer Entfernung gedacht. Die mittlere Spitze eignet sich auf Grund ihrer harten Aktion insbesondere für das Fischen in stärker strömenden Flußabschnitten auf große Distanz. Beim Quiver-Tip handelt es sich um einen Bißanzeiger, der eigens für fließende Gewässer konstruiert wurde und auch vornehmlich hier Verwendung findet.

Die längste der Spitzen ist wegen ihrer Länge und der weichen Aktion für mittlere Entfernungen und langsamere Strömung geeignet, wobei unter mittlerer Entfernung 10 – 15 m zu verstehen sind. Erhebliche Unterschiede gibt es in der Konstruktion. Es sind zwei Arten zu unterscheiden, und zwar ein Quiver-Tip, der gleichbleibenden Durchmesser hat, und einer, der sich zur Spitze hin verjüngt.

Spitzen mit gleichbleibendem Durchmesser eignen sich nur für das Angeln in Ufernähe und bei leichter Strömung. In starker Strömung würden sie zu weit herumgezogen, so daß sich der Biß sofort in die eigentlichen Rutenspitze übertrüge, was dem eigentlichen Sinn zuwiderliefe.

Anders dagegen ein Quiver mit verjüngter Spitze. Durch diese Konstruktion, deren Merkmale eine feine Spitze und ein starkes Rückgrat sind, kann sich der Angler im Nu der Strömung anpassen. Bei diesem Typ wird der Quiver-Tip also voll seiner Aufgabe gerecht.

Beim Kauf aufschraubbarer Quiver wird die Aktion getestet, indem man den Quiver am Gewindestück faßt und unter leichtem Druck mit der Handfläche in Richtung Spitze streicht. So läßt sich ein genaues Bild über Aktion und Konstruktion gewinnen, was die Wahl erleichtert.

Welche Ruten eignen sich nun für diese Art des Angelns? Wir benutzen Längen zwischen 2,90 m und 3,35 m unterschiedlicher Aktion. Eine kurze Rute mit weicher Aktion und feinem Quiver-Tip kann z. B. bei harter Strömung auf weite Entfernung nicht genutzt werden. Grundsätzlich sollten Rute und Zitterspitze aufeinander abgestimmt und Strömung sowie Entfernung angepaßt sein. Hier gilt das gleiche Prinzip wie bei jeder anderen Angelart: Das Fischen mit dem Quiver-Tip muß immer wieder geübt werden.

Keine Sekunde sollte der Quiver-Tip aus dem Auge gelassen werden, denn das Erkennen des Bisses im Ansatz ist besonders wichtig. Schon leichtes Zittern der Spitze kündigt meistens einen Biß an, dem dann in der Regel das Abbiegen des Quivers folgt. Nur, wie weit soll er sich biegen? Da spielt wiederum der Köder eine große Rolle. Maden, Rotwürmer, Paste oder Brot, also kleine und weiche Köder werden sehr

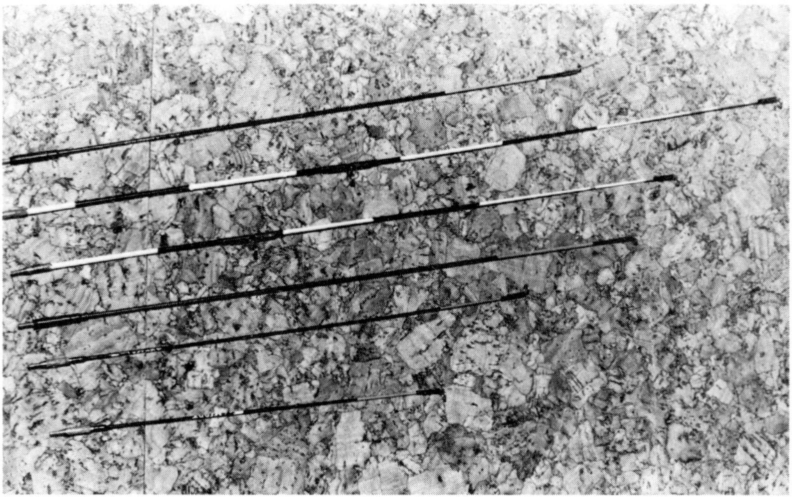

Abb. 26. Verschiedene Quiver

schnell genommen. Hier darf nicht gewartet werden, bis der Quiver-Tip herumgerissen wird, sondern schon bei leichtem Abbiegen des Quivers muß der Anhieb folgen.

Anders dagegen bei großen Teigstücken und Tauwürmern. Da dauert es verständlicherweise etwas länger, bis der Fisch den Köder genommen hat. Aber Vorsicht, der Quiver neigt beim Anzeigen eines Bisses oft zur Übertreibung. Mit der Zeit bekommt man jedoch ein Auge dafür und erkennt, wann der Anschlag gesetzt werden muß.

Der „Watcher" – Verschiedene Formen und Verwendungsgebiete

Es ist schon manch Bißanzeiger erfunden worden, doch zeigt es sich in der Praxis immer wieder, daß viele nicht so funktionieren, wie es eigentlich beabsichtigt war. Nur wenige kristallisieren sich mit der Zeit als brauchbar heraus und erweisen sich als nützlich.

Gerade was den Bereich „Bißanzeiger" angeht, wird eine Menge kompliziertes und umständlich zu handhabendes Gerät auf den Markt gebracht. Wir legen mehr Wert auf einfaches, solides Gerät, das leicht und mit wenig Material herzustellen ist und, mit Erfolg getestet, wesentlich besser funktioniert als nur vielversprechende und teure Bißanzeiger, die in der Praxis aus den verschiedensten Gründen versagen.

Wir nennen unsere Bißanzeiger schlichtweg „Watcher". Dieses Wörtchen kommt aus dem Englischen und heißt soviel wie Wächter. Der wohl einfachste Watcher ist ein Zylinder aus Alufolie. Zur Herstellung dient ein 12×6 cm großes Stück Alufolie, aus dem ein Zylinder mit etwa 4 cm Durchmesser geformt wird (Abb. 27). Diese Größe sollte er schon haben, denn zum einen ist er gut sichtbar, zum anderen entsteht bei von der Rolle ablaufender Schnur ein sehr gut wahrnehmbares Geräusch. Es hört sich etwa an wie das Rauschen von Blättern im Wind. Doch keine Befürchtungen vor Verwechslung! Mit der Zeit hört man sehr gut, was da raschelt. Das bietet außerdem den Vorteil, daß der Watcher nicht unentwegt angestiert werden muß. Der Fischer kann sich derweil anderen wichtigen Dingen widmen.

Der Aluzylinder ist so leicht, daß der Fisch beim Abziehen der Schnur kaum merklichen Widerstand spürt. Verwendet wird dieser Watcher hauptsächlich beim Karpfenangeln mit offenem Schnurfangbügel und ausschließlich in stehenden Gewässern. Wie das im einzelnen aussieht, ist bereits im Kapitel „Karpfen" beschrieben und dort nachzulesen.

Selbstverständlich wird dies Gerät auch auf Brassen und Schleien benutzt. Nur braucht der Zylinder hier nicht so groß zu sein, und der Schnurfangbügel bleibt geschlossen.

Den Aluzylinder betrachten wir jedoch nur als Notlösung, denn für das Angeln auf Brassen und Schleien haben wir einen anderen, sehr zuverlässigen Watcher, den man sich mit ein wenig mehr Material und etwas handwerklichem Geschick selbst herstellen kann.

Angeln mit dem Aluzylinder

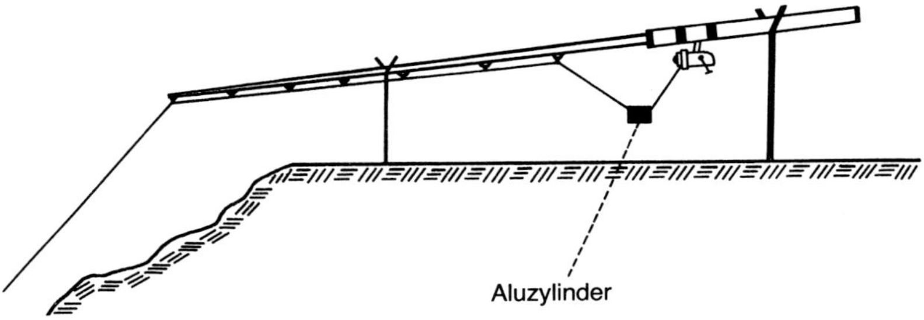

Abb. 27. Der Aluzylinder ist ein bei offenem Schnurfangbügel einfacher und wirkungsvoller Bißanzeiger für stehende Gewässer.

Im einzelnen sieht das so aus. Das Material: Ein etwa 20 cm langes Aluminium- oder V-2a-Stahlröhrchen (Vorteil rostfrei), eine Haarklammer, ein Flaschenkorken, weiße Leuchtfarbe, zwei große Karabinerwirbel und 50 cm geklöppelte Schnur (Dracon oder Maurerschnur). Werkzeug: Eine Bohrmaschine plus 3 mm-Bohrer, ein Körner, Hammer, Pinsel, Schraubstock und eine Feile.

Mit Hilfe des Schraubstocks wird das Röhrchen auf rund 2 cm Länge einseitig zusammengepreßt. Die Feile rundet die entstandenen scharfen Kanten ab und beseitigt die Grate.

Ist kein Schraubstock vorhanden, kann man auch einen zweiten größeren Hammer als Amboß benutzen und die entsprechende Form durch gleichmäßiges Schlagen mit einem anderen Hammer bei gleichzeitigem Wenden des Röhrchens erhalten.

Auf der anderen Seite des Röhrchens bohren wir zum Befestigen der Schnur ein Loch von 3 mm Durchmesser, Abstand von der Oberkante Rohr 5 mm bis Lochmitte. Damit der Bohrer nicht abrutscht, schlagen wir vorher mit Hilfe des Körners eine kleine Vertiefung ein. Nach Herstellung des Erdspeers wird an beiden Enden der geklöppelten Schnur ein Wirbel angeknotet und einer am Erdspeer befestigt.

Der Korken, ein normaler Weinflaschenkorken reicht aus, wird vor dem Hauptanstrich mit Vorstrichfarbe behandelt, damit die weiße Leuchtfarbe besser zur Geltung kommt. Die Größe des Korkens richtet sich ganz nach der Haarklammer, den es gibt hier ja verschiedene Größen. Nur sollte er nicht allzu groß und klobig sein.

Mit einem feinen Handbohrer wird der Korken der Länge nach durchbohrt, damit sich die Haarklammer beim Durchschieben durch den Korken nicht verbiegt. Zum Einhängen des Karabinerwirbels in der Schnur steht die Haarklammer am unteren Ende des Korkens etwa 5 mm heraus. Der Watcher ist fertig. Aufbau und Wirkungsweise des Korken-Watchers sind Abbildung 28 zu entnehmen.

Er wird, wie bereits angedeutet, für das Fischen auf Brassen und Schleien in stehenden Gewässern, bei widrigen Witterungsverhältnissen (Wind, Wellengang), beim normalen Grundangeln und auf weite Entfernungen verwendet.

Die Rute liegt wie beim Karpfenangeln auf zwei V-förmigen Rutenhaltern, wobei der vordere einwandfreien Durchlauf der Schnur gewährleisten muß. Die Rutenspitze zeigt auf jeden Fall in Richtung Köder, und der Abstand der Rute bis zum Erdboden sollte etwa 30 – 40 cm betragen.

Nach Auswerfen des Köders wird so lange Schnur eingeholt, bis sie sich strafft. Nun zieht der Angler wieder so viel Schnur von der Rolle,

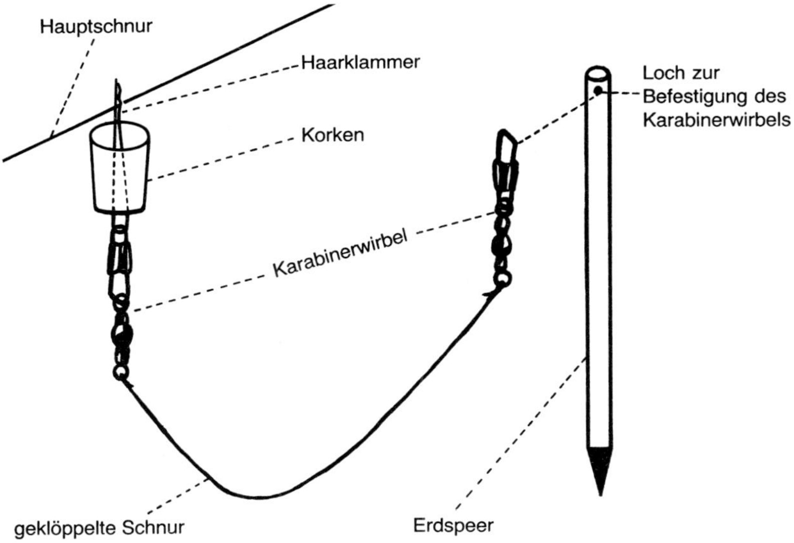

Abb. 28. Aufbau und Wirkungsweise des selbsthergestellten Watchers.

daß der Watcher, der mit Hilfe der Haarnadel auf die Schnur geklemmt wird, 10–15 cm über dem Boden verbleibt.

Der Biß zeigt sich unterschiedlich an, wie durch stetiges oder stotternden Emporklettern oder durch Abfallen des Watchers. Dem Fallbiß folgt der Anschlag sofort, während beim Steigen des Watchers zu warten ist, bis sich die Schnur strafft. Häufig wandert der Korken beim Schleienangeln auf und ab. Hier darf nicht allzulange gewartet werden. Der Anschlag ist schon während des Auf- und Abwanderns zu setzen. Folgende Vorteile bringt dieser Bißanzeiger außerdem mit: Er bietet dem Fisch kaum merklichen Widerstand, reagiert sehr sensibel, läßt sich auch in der Dunkelheit gut erkennen und ist nach dem Anschlag sofort wieder zur Hand, ohne daß erst eine Suchaktion gestartet werden muß.

Beim Angeln in Fließgewässern mit leichter Strömung sowie in Schifffahrtskanälen mit ihrer ständig wechselnden Strömungsrichtung bedienen wir uns eines Watchers ganz anderer Bauart (Abb. 29).

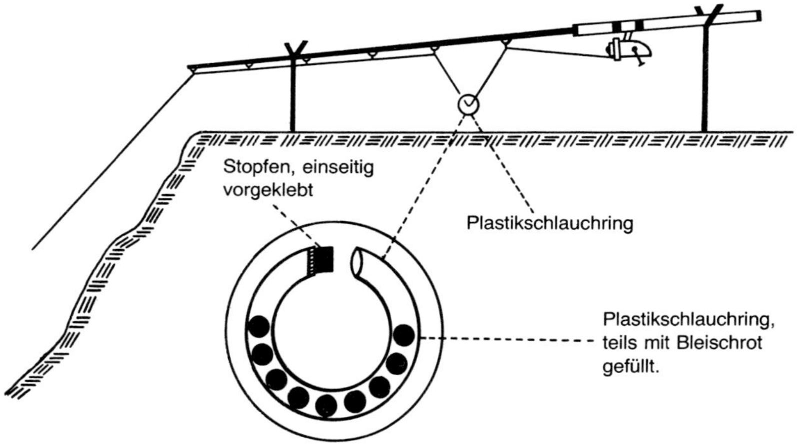

Abb. 29. Angeln mit dem Plastikschlauchring.

Aus einer Aquarien- oder Zoohandlung wird ein Stück Luftschlauch (sonst für kleine Membranpumpen benötigt) besorgt und ein dazu passendes Kupplungsteil. Für den gewünschten Plastikring werden 20 cm Schlauch gebraucht. Die Kupplung dient dazu, den Schlauch zu einem Ring zusammenzufügen. Und schon ist der Watcher fertig. Der Köder ist ausgeworfen und die Rute, wie schon beschrieben, abgelegt. Von der Rolle aus gesehen, legt man den Schlauch zwischen den ersten und zweiten

Rutenring um die Schnur und verbindet die Schlauchenden miteinander. Der Ring hängt frei, nachdem 30 – 40 cm Schnur von der Rolle abgezogen sind.

Reicht beim Angeln in Fließgewässern das Eigengewicht dieses Watchers nicht aus, so daß er immer wieder nach oben gezogen wird, geben in den Schlauch gefüllte kleine Bleischrote das erforderliche Gewicht. Jetzt hält sich der Watcher in der richtigen Stellung.

So gesehen, könnte dieser Bißanzeiger jedem Gewässertyp angepaßt werden, ohne daß eine größere Veränderung am Gerät vorzunehmen ist. Bißanzeiger gehören längst zum unentbehrlichen Inventar unserer Gerätekiste. Der Angler sollte sich wirklich mal mit diesen einfachen, aber bestens funktionierenden Hilfsmitteln vertraut machen und intensiv damit fischen.

Sonstige Bißanzeiger und Sichthilfen fürs Nachtangeln

Mit den bis jetzt besprochenen Bißanzeigern ist die Palette spezieller Hilfsmittel aber noch längst nicht abgeschlossen. Es wäre mühsam, aber auch unsinnig, alle verwendeten Bißanzeiger aufzuzählen. Wir wollen uns an dieser Stelle lediglich mit denen befassen, die wir aus triftigen Gründen bevorzugen, und zwar wegen ihrer eingehend getesteten und für gut befundenen Wirkungsweise.

Die Schwing- und Zitterspitze und auch der Watcher gehören ganz sicher zu den sensibelsten aller Bißanzeiger, aber sie können nicht mit den feinfühligen Tastnerven menschlicher Finger konkurrieren. Die dem entscheidenden Augenblick des Anschlags vorausgehenden Vorgänge können schon, bevor sich z. B. eine Zitterspitze auch nur im Ansatz bewegt, mit den Fingern „ertastet" werden (Spürfischen).

Die Vorgänge bei dieser Methode sind zwar einerseits recht einfach, erfordern jedoch das Äußerste an Ausdauer und Konzentration. Zumal in der kalten Jahreszeit, wenn Temperaturen im Minusbereich die Hände erstarren lassen, ist der Angler gezwungen, diese Art des Angelns nur phasenweise, also mit des öfteren eingelegten Aufwärmpausen auszuüben.

Gerade beim Döbelangeln, wo ein Anbiß oft erst in der Schlußphase erkannt wird, das heißt, die Zitterspitze plötzlich und fürs Auge ansatzlos herumgerissen wird, bringt das vorhergehende Erspüren mit den Fingern erwiesenermaßen größeren Erfolg.

Abb. 30. Gruppenmitglied beim Angeln mit der Tastmethode

Diese Methode gestattet kein starres Ablegen der Rute. Allerdings wird die Wirkungsweise auch nicht beeinträchtigt, wenn, zumal bei schlechter Witterung, die Rute im oberen Drittel auf eine V-Auflage und das Griffteil bei sitzender Haltung auf den rechten Oberschenkel abgestützt wird.

In der Praxis sieht das so aus, daß wir die Rute am Griffteil kurz über dem Sitz der Rolle umfassen und damit mit dem Zeigefinger die Schnur mit leichtem Druck gegen den Griff pressen. Oder der Angler hält die Schnur in der linken Hand zwischen Daumen und Zeigefinger. Jetzt ist er in der Lage, jedes auch noch so vorsichtige Geschehen am Köder im gleichen Augenblick zu spüren und evtl. mit sofortigem Anhieb zu quittieren. Das ist äußerst anstrengend und erfordert ständige Konzentration. Wir wenden diese Methode beim Döbelfischen dann an, wenn zwar die Bisse häufig, die Zahl der Fehlanschläge aber unverhältnismäßig hoch ist. An bestimmten Tagen ist es einfach nicht möglich, anders als mit dem Spürfischen (Tastmethode) zum Erfolg zu kommen. Abbildung 30 zeigt ein Gruppenmitglied beim Fischen mit dieser Methode.

Aus England kommen zwei Bißanzeiger, die zwar auf dem Prinzip der Schwingspitze beruhen, im Äußeren aber vollkommen davon abweichen. Außer den phantasievollen Benennungen wie „Target Tip“ oder „Piranha“ haben sie, zumindest für uns, nachdem wir beide Modelle testen konnte, keine entscheidenden Vorteile gegenüber einer Schwingspitze. Sie sind eher kompliziert als zweckmäßig. Ein entscheidender Nachteil ist außerdem, daß sie sich selten oder nur unter bestimmten Bedingungen verwenden lassen. So ist z. B. der Einsatz des „Target Tip" beim Kanalangeln, ob an Ufern mit Steinschüttungen oder an solchen mit Spundbohlen, unmöglich. Zur optimalen Ausnutzung dieses Bißanzeigers ist ein Fluß- oder Seeufer erforderlich, bei dem Wasserspiegel und Ufer möglichst übergangslos miteinander verschmelzen oder zumindest kein allzu großes Gefälle aufweisen. Aber was hindert den Angler unter diesen Gegebenheiten daran, auf die gleichwertige und wesentlich kostengünstigere Schwingspitze zurückzugreifen?

Ein weiterer Bißanzeiger, der ursprünglich auch aus England kam, sich aber ebenfalls nicht durchzusetzen scheint, ist der elektrische Bißanzeiger in den verschiedensten Ausführungen. Im Laufe der Jahre wurde schon viel an diesem Gerät herumexperimentiert, um seine Verwendung möglichst unkompliziert zu machen und es allen Erfordernissen anzupassen. Bisher ist jedoch noch kein elektrischer Bißanzeiger auf dem Markt, der allen denkbaren Wünschen gerecht wird. Dieser Bißanzeiger ist eigentlich für das Nachtangeln oder, besser gesagt, für das Angeln bei Dunkelheit gedacht. Aber gerade während dieser Stunden muß sich der Angler auf das Gerät absolut verlassen können. Und das ist eben nicht immer garantiert. Sei es ein Versagen, verursacht durch Feuchtigkeit, ein Defekt an den Kabelanschlüssen oder sonst eine Störung. Bei einem langerwarteten Biß wirkt sich das in jedem Fall nachteilig aus.

Ein weiterer Nachteil des elektrischen Bißanzeigers ergibt sich aus mangelnder Tauglichkeit für strömende Gewässer. Bei mäßiger Strömung mag er noch funktionieren, aber bei allem, was darüber hinaus geht, ist er überfordert.

Wir angeln recht häufig bei Dunkelheit. Dafür war lange Zeit die Verwendung geeigneter Lichtquellen zur deutlichen Bißanzeige recht problematisch. Die seit einiger Zeit auf dem Gerätezubehörmarkt angebotenen sogenannten „Glimmis" (Knicklicht) haben diese Schwierigkeiten weitgehend behoben. Ihr Einsatz erweist sich als recht problemlos, sei es beim Anbringen an der Schwing- oder Zitterspitze oder direkt an der eigentlichen Rutenspitze.

Auch bei dem zuvor beschriebenen Watcher läßt sich der Glimmi mit ein wenig Geschick ohne große Mühe integrieren. Einziger Nachteil, wenn die Angelsitzungen bei Dunkelheit an Häufigkeit zunehmen: der Preis! Da solch „Ding" um die zwei Mark kostet, kann sich jeder leicht ausrechnen, wie teuer, zumal bei Verwendung zweier Ruten, die Sache mit der Zeit werden kann. Es ist nämlich zu bedenken, daß die Leuchtdauer des Glimmis zwar weit über eine Nacht hinausreicht, wir aber nicht jedesmal bis zum Morgen durchangeln. Einmal zum Leuchten gebracht, läßt sich die Lichtabgabe nur unter Schwierigkeiten unterbrechen, und somit sind bei einer Angeldauer von vielleicht nur zwei bis drei Stunden jedesmal gleich etwa 4,– DM abzuschreiben. Aber die Technik ist ja nicht aufzuhalten, und nun gibt es seit einiger Zeit eine sogenannte Zweikomponenten-Leuchtflüssigkeit in Fläschchen, die nur tropfenweise, in einem bestimmten Verhältnis gemischt, wirkt. Die Flüssigkeit ist wesentlich kostengünstiger als die eben erwähnten Glimmis. Mit den dazugehörenden Behältern in Form von Kunststoffröhrchen mit Stöpsel gleicht die Benutzung der des Glimmis. Diese Leuchtflüssigkeit ist mittlerweile sehr populär und wird vermutlich bald das meistverwendete Leuchtmittel sein.

Eine weitere Sichthilfe stellt die wohl fast jedem bekannte Leuchtfolie dar. Unter geeigneten Bedingungen richtig verwendet, erweist sie sich als durchaus nützlich. Die Leuchtdauer reicht jedoch nur für einige Minuten aus. Danach muß durch kurzes Anleuchten mit einer Taschenlampe wieder nachgeholfen werden. Die Folie läßt sich mit Tesafilm oder dünner Schnur problemlos an der Rutenspitze, aber auch an der Schwingspitze befestigen. Im Gegensatz zum Glimmi oder zur Leuchtflüssigkeit, deren Leuchtkraft wesentlich intensiver ist, bietet die Verwendung von Leuchtfolie jedoch nur einen behelfsmäßigen Einsatz. Entscheidende geringfügige Bewegung, z. B. der Schwingspitze, können damit leider nicht wahrgenommen werden. Nur deutliches Ziehen an der Spitze wird erkannt. Darauf aber zu warten, bedeutet ganz sicher den Verlust vieler Fische, die den Köder inzwischen unbemerkt vom Haken nehmen.

Schleienangeln

Vorbereitungen und Aufspüren

Fast jeder Angler hat in der Ausübung seines Hobbys schon die eine oder andere Schleie gefangen. Die wenigsten aber können von sich behaupten, bewußt und intensiv diesen fast heimlich lebenden Gesellen unserer seerosenbewachsenen Teiche oder träge dahinziehenden Flüsse beangelt zu haben. Schleien gibt es in fast allen Gewässertypen. Talsperren wie Bigge, Diemel oder Eder sind geradezu berühmt wegen ihrer alljährlich dort gefangenen kapitalen Schleien. Aber selbst Schiffahrtskanäle mit den dazugehörenden Hafenanlagen weisen einen ausgezeichneten Schleienbestand auf. Kurz: Das Vorkommen von Schleien wird leider immer noch unterschätzt. Das Auftreten dieser Fischart braucht keinen Vergleich, z. B. mit dem des Karpfens, zu scheuen. Manchem Petrijünger würden sicherlich die Augen übergehen, wäre ihm der enorme Bestand an Schleien in seinem Hausgewässer bekannt.

Bei Beobachtungen an den verschiedensten Gewässertypen stellen wir jedesmal wieder fest, daß beim Schleienfischen noch immer entscheidende Fehler gemacht werden. Für viele Angler gehört z. B. ungeachtet der Gewässerbeschaffenheit, das Anfüttern vor Angelbeginn und auch während des Fischens, zum unbedingten Muß. Auf andere Fischarten trifft dies sicherlich zu. Haben wir es jedoch z. B. mit einem kleineren und flachen Teich zu tun, der einen reichen Fischbestand, auch Schleien beherbergt, kann es ein entscheidender Fehler sein, hier zuviel Futter einzubringen.

Bevor auch nur eine Schleie gesichtet wird, hat der Angler bereits Kleinfische im Setzkescher. Es gibt zwar Situationen, in denen man wie von selbst nach dem Fang vieler Fische verschiedener Art endlich an die erste Schleie kommt. Im genannten Fall aber ist es sicherlich angebrachter, unter Berücksichtigung der Gewässerbeschaffenheit zu versuchen, Schleien in der für sie günstigsten Umgebung ausfindig zu machen.

Kleinere Gewässer weisen oft übermäßigen Bewuchs mit verschiedenen Wasserpflanzen auf. Dies kann so weit gehen, daß stellenweise der

Abb. 31. Der Lakkendrup-See in Dänemark. Ein typisches Schleiengewässer, in dem diese Fischart in allen Größen vorkommt.

gesamte Grund verwachsen ist. Neben der Schleie, die sich hier ausgesprochen wohl fühlt, findet man im allgemeinen keine anderen Fischarten vor. Es bedarf allerdings einiger Vorarbeit, um unter diesen Umständen den Köder erfolgversprechend anzubieten. Eine sogenannte Entkrautungsaktion wirkt hier oft Wunder. Eine selbstgebaute Krautharke – im zehnten Kapitel wird das von uns konstruierte Modell gezeigt – leistet jetzt gute Dienste.

Bei einer vorhergehenden Gewässerinspektion schaut sich der Angler nach einer geeigneten Stelle um, die auf das Vorhandensein von Schleien hindeutet. Bei stark beangelten Gewässern verlegen wir die Aktion aus „Sicherheitsgründen" – schließlich soll kein anderer der Nutznießer dieser Schwerstarbeit sein – in die späten Abendstunden.

Beim Entkrauten soll durchaus kein totaler Kahlschlag stattfinden. Pro Angelplatz reicht eine Breite von etwa 3 m und eine Länge von 8–10 m zum Ufer hin vollkommen aus. Nachdem das noch freischwimmende Kraut beseitigt ist, kann sogleich angefüttert werden. Da durch das Aufwühlen des Grundes schon reichlich Nahrung freigelegt wurde, sollte die Menge des verabreichten Anfutters nicht zu reichlich sein. Schließlich sollen die Schleien am nächsten Morgen noch Appetit auf den Köder haben. 15–20 Tauwürmer, ganz oder geteilt, zwei bis drei Hände voll Mais oder die entsprechende Menge haselnußgroßer Teigkügelchen reichen fürs erste vollkommen aus. Mancher wird vermuten, die durch das Entkrauten hervorgerufene Unruhe würde sämtliche Schleien auf Tage hinaus vergrämen. Das aber ist aus unerklärlichen Gründen glücklicherweise nicht der Fall. Wir wissen z. B., daß schon zwei Stunden nach solcher Entkrautung in einzelnen Fällen enorme Schleienfänge gemacht wurden (Abb. 32).

Nicht jedes Kleingewässer ist indes so beschaffen, nach dem Einsatz

Abb. 32. Diese Schleien wurden unmittelbar nach dem Entkrauten auf Flocke gefangen.

der Krautharke darin große Schleienfänge zu erzielen. Oft sind die Ufer nur teilweise schilfbestanden, evtl. mit vorgelagerten Seerosenfeldern unterschiedlichster Ausdehnung. Unter solchen Gegebenheiten ist es möglich und auch angebrachter, die Schleie allein durch Beobachtung ausfindig zu machen. In der Regel brauchen dabei die flachen und durchsichtigen Gewässerabschnitte nicht berücksichtigt zu werden. Der Beobachter konzentriert sich besser auf die tieferen, infolgedessen dunkleren Stellen. Luftbläschenteppiche, die fast wie Sektperlen aussehen, sind ein sicheres, fast untrügliches Zeichen für die Nahrungssuche der Schleien. Nur wenig Futter aus sicherer Deckung eingebracht, bringt hier bestimmt den erhofften Erfolg.

Vollkommen anders sieht es aus, wenn an großen und bodenmäßig unübersichtlichen Talsperren auf Schleie gefischt werden soll.

Ohne größere, über einen entsprechenden Zeitraum laufende Anfütterung, fällt es ganz sicher schwer, den Schleien auf die Schuppen zu rücken. Solch eine kostspielige und langwierige Unternehmung erfordert zunächst genaueste Gewässerkenntnis, die nur durch Begehung und Beobachtung erlangt wird. Da Talsperren bisweilen auch schon in Ufernähe sehr tief sind, halten wir Ausschau nach kleineren, möglichst flachen Buchten, die es an jeder Talsperre gibt. Durch bis auf den Grund reichende Sonneneinstrahlung zeigt sich hier Krautbewuchs, und Schleie halten sich in dieser ihnen gemäßen Umgebung gern auf. Mit der gerade fürs Schleienangeln erforderlichen Geduld und Ausdauer wird sich der Erfolg früher oder später einstellen. Allerdings werden ganz sicher neben Schleien auch andere Fischarten wie Rotaugen, Brassen oder auch Karpfen angetroffen. Oft ist es gar nicht anders möglich als über den Umweg des Zuerstfangs dieser Fische überhaupt an die Schleien in Talsperren heranzukommen.

Ähnlich ist die Situation in Flüssen, wo die Schleie ebenfalls zu Hause ist. Träge fließende Strecken, Kurven und Ausbuchtungen sind, zumal wenn Schilfbewuchs, Seerosen oder sonstige Wasserpflanzen vorkommen, Stellen, an denen mit Schleie gerechnet werden kann. An großen Flüssen wie etwa Weser, Rhein, Elbe oder Main sind die hier überall gebauten Buhnen gern angenommene Schleienstandplätze. Im Gegensatz zu Rotaugen, Brassen oder sogar Karpfen geht die Schleie nur selten in die offene Strömung. Ihre Aufenthaltsorte sind Buhnenfelder. Wegen der Verschlammung entspricht hier das Nahrungsangebot in jeder Beziehung den Wünschen der Schleien. Auch die Altarme gehören zu den bevorzugten Aufenthaltsorten dieser Fische, was den schleiensuchenden Angler hier zu erhöhter Aufmerksamkeit veranlaßt.

Nachfolgend befassen wir uns nun eingehend mit klassischen, aber auch eigenen und besonderen Methoden des Schleienangelns mit all ihren Vor- und Nachteilen.

Köder und Anfüttern

Das Anfüttern hat heutzutage beim Angeln hohen Stellenwert erlangt, und es gibt kaum einen Sportfischer, der davon nicht Gebrauch macht. Auch wir füttern an. Doch bevor eine Krume Anfutter ins Wasser kommt, wird das Gewässer intensiv begangen und beobachtet, um Anhaltspunkte zu gewinnen, die Hinweise auf günstige Futterplätze für Schleien ergeben. Dicht mit Bäumen bewachsene Ufer, deren Äste über das Wasser hängen, oder Schilfgürtel, die sich hier entlangziehen, und nicht weit davon entfernte Seerosenfelder bieten der Schleie ein natürliches Umfeld. Erst wenn wir solche Plätze entdeckt haben oder sicher sind, daß sich hier Schleien aufhalten, beginnt das Anfüttern. Aber Vorsicht! Sollten sich an solchen Stellen Sektperlenbläschen zeigen, ist es ratsam zuerst einmal ohne Anfüttern den Köder anzubieten. Das Einbringen von Anfutter könnte die Fische unter Umständen erschrecken und den sorgfältig ausgesuchten Angelplatz unbrauchbar machen. Der Köder sollte den Fischen aber nicht direkt vors Maul geworfen werden, sondern durch Berechnung der evtl. Freßbahn etwas weiter vorplaciert werden.

An diesen Freßplätzen verzichten wird auch weiterhin auf jegliches Anfutter. Meistens hat der Angler jetzt Erfolg. Läßt das Beißen aber nach oder kommen die Bisse zögernd, versucht er schließlich die Fische mit Anfutter erneut auf den Angelplatz zu locken.

Das Anfutter besteht in der Regel aus einfachem feingemahlenem Paniermehl. Als Zusatz verwenden wir Tauwürmer oder Gelbschwänze, und wenn wir mit unserer Vanillepaste angeln, mengen wir Haferflocken bei. Die Konsistenz des Anfutters muß, als Ball oder Bällchen geformt, geradeso sein, daß das Werfen sowie der Aufprall aufs Wasser unbeschädigt überstanden werden und der Ball auf dem Gewässergrund heil ankommt. Hier erst sollte der Zerfall des Klumpens beginnen. Zu schätzen, wann bei der Herstellung das Anfutter die richtige Konsistenz erreicht hat, ist schwer. Es hilft jedoch etwas, ein paar Probebällchen dicht am Ufer ins Wasser zu werfen und den Weg, den Aufschlag sowie den Zerfall auf dem Gewässergrund genau zu beobachten. Das Einmischen von Würmern fördert den Zerfall. Es wird konzentriert genau auf einen Punkt angefüttert, denn das Anlegen sogenannter Futterteppiche bringt bei Schleien erfahrungsgemäß wenig Erfolg. Ihre Freßbahnen liegen nämlich kreuz und quer, und wir wissen nie genau, wo sie sich gerade aufhalten. Durch Punktfütterung werden die Fische jedoch an einer bestimmten Stelle gehalten und eher auf den Köder aufmerksam als auf einem breit angelegten Futterteppich Bei einem ausgemachten Wechsel ist es ebenfalls ratsam, eine genau dosierte Menge Anfutter auf einen Punkt anzufüttern.

Eine andere sehr gute Methode, Schleien an einen Platz zu binden, ist das Aufharken des Gewässergrundes, wozu wir eine selbstgebaute Harke benutzen. Jetzt wird mit der gleichen Ködersorte angefüttert, die anschließend auch am Haken sitzt. Zwischen dem Anfüttern und dem eigentlichen Angelbeginn sollten zwei bis drei Stunden verstreichen, denn die Fische würden hier durch anfängliche Unruhe gleich argwöhnisch. Nach einiger Zeit aber verlieren sie ihre Scheu und nehmen den Köder bedenkenloser.

Sollen die Fische an einen bstimmten Köder gewöhnt werden, muß Tage bzw. Wochen vorher mit dem gleichen Köder angefüttert werden. Wenn es irgendwie möglich ist, verzichten wir dabei auf Kleinstköder, die ganz sicher nicht nur Schleien, sondern auch jede Menge Kleinfische bringen. Außerdem ergeben sich dadurch weitere Nachteile. Es muß mit so dünnen Schnüren und feinen Haken geangelt werden, daß es bei einem schwereren Fisch unweigerlich Schnurbruch gibt. Außerdem kann der Gehakte mangels ausreichenden Gegendrucks des Angelgeschirrs in nahegelegene Wasserpflanzen oder in dichtes Astgewirr fliehen. Schließlich verursachen die anwesenden Kleinfische eine Menge unerwünschter Fehlbisse. Der Köder ist für sie unter Umständen noch zu groß, oder sie nehmen ihn, bevor er den Gewässergrund, sein eigentliches Ziel, erreicht hat. Ein weiterer Nachteil: Die Schleien werden gegenüber Kleinstködern voreingenommen.

Ist diese Voreingenommenheit von Natur aus nicht vorhanden, greifen wir selbstverständlich zu Kleinstködern, z. B. Maden oder Weizen.

Der Köder wird sehr sorgfältig ausgewählt. Dafür dienen hauptsächlich Tauwurm, Gelbschwanz (Mistwürmer), Brot in Form von Flocke oder Teig, Vanilleteig und Muscheln. Ungern verwenden wir kleinere Köder wie Maden oder Weizen, wie gerade beschrieben. Ganz vornean steht bei den Ködern der Tauwurm. Da solches Monstrum von Wurm weitgehend kleinfischsicher ist (ausgenommen Barsch), steigt die Chance, eine größere Schleie damit zu erbeuten.

Zum Anködern des Tauwurms dient ein 4er bzw. 6er Haken, der nur einmal durch den Kopf des Wurmes gesteckt wird. Sehr gern werden auch Erd- oder Regenwurm genommen. Auch bei ihnen gibt es sehr große Exemplare, und sie haben gegenüber den Tauwürmern den Vorteil, daß sie fester sind und dadurch weitere Würfe ermöglichen. Im Frühjahr ist der Gelbschwanz (Mistwurm), einmal in Körpermitte durchstochen, sehr fängig. Er wird je nach Größe an einem 10er bzw. 12er Haken gefischt. Im Sommer erweist sich an sonnigen Tagen die Brotflocke als am

Abb. 33. Ein besonders großes Exemplar der Teichmuschel, deren Inhalt Schleien bevorzugen.

fängigsten. Leicht an einen 8er Haken gedrückt, bringt sie die meisten Fische. Teig muß nicht eigens erwähnt werden, denn er ist ein uralter Köder, und selbstverständlich gehört auch er zur Köderpalette für Schleien.

Die Teichmuschel (Abb. 33) ist für uns ein ausgesprochener Großfischköder. Nach vorsichtigem Öffnen mit scharfem Messer wird das Innere (Fleisch) herausgenommen und wie folgt an einen Haken Größe 4 angeködert. Gegenüber dem härteren, gelben Teil einmal das Fleisch durchstechen. Anschließend das Fleisch leicht verdrehen und den Haken erneut einstechen, durchziehen und im gelben, härteren Teil verankern. Die Schnur vorsichtig straffziehen.

Doch Vorsicht! Trotz dieser Anköderung kommt es bei ruckartigen Würfen zu Verlusten des Muschelfleisches. Da in der Regel mit sehr rasanten Bissen gerechnet werden kann, bieten wir den Köder auf Grund an. Der Schnurfangbügel bleibt hierbei offen, und als Bißanzeiger dient Alufolie, auch hier zu einem Zylinder geformt. Ganz sicher gibt es noch viele andere Köder, mit denen Schleien gefangen werden. Den hier angeführten schenken wir aber Vertrauen, und in der Praxis werden sie immer wieder Erfolg bringen.

Bodenbleiangeln

Neben dem Döbel sind Schleien wohl die unberechenbarsten Fische, die in unseren Gewässern vorkommen. Es gibt Abschnitte, wo zu jeder Tages- oder Nachtzeit mit Bissen zu rechnen ist. Andererseits kennen wir Zeiten, die sich über mehrere Tage, ja Wochen erstrecken, zu denen Schleien in manchen Gewässern überhaupt nicht an den Haken zu bekommen sind. Oft liegt die Erfolglosigkeit allerdings auch daran, daß zuwenig probiert wird und mancher Sportfreund auf seine eine bestimmte Methode schwört, von der er um keinen Preis abgehen will, selbst wenn sich kein Erfolg einstellt. Wer allerdings an einem Tag oder in einer Nacht 20 Schleien fangen will, wie von einigen unserer Mitglieder schon vor Jahren praktiziert, muß von althergebrachten Methoden absehen, experimentierfreudig sein und sich über längere Zeiträume mit diesen Fischen beschäftigen.

Wie sich Umstellungen der Angelmethode auswirken können, mag folgendes Erlebnis vermitteln, das Rolf und Bernd während eines Urlaubs hatten.

Bei mehreren Gewässerbegehungen in der Nähe ihres Urlaubsortes machten Rolf und Bernd die Bekanntschaft mit einem schönen, ruhigen und landschaftlich reizvoll gelegenen Teich. Schon bald war die Erlaubnis besorgt. Es konnte geangelt werden. Für ihr Vorhaben postierten sich unsere beiden Sportfreunde zwischen zwei Seerosenfelder, die etwa 20 m voneinander entfernt und unter Wasser durch eine Sandbank verbunden waren. Rolf gab der Posenangel den Vorzug, während Bernd die Schwingspitze benutzte. Durch Erfahrungen an ähnlichen Gewässern belehrt, wurde nicht angefüttert, was sich beim Schleienangeln in diesen Gewässertypen oft als nachteilig erwiesen hatte. Nach 15 Minuten zeigte sich der erste Biß an der mit einem großen Tauwurm beköderten Schwingspitzenrute, und einige Minuten später wurde die erste 1000-g-Schleien gelandet. Nachdem in der Folgezeit weitere vier Schleien an der Schwingspitzenrute gefangen wurden und sich die Pose immer noch nicht bewegte, obwohl bei dieser Gerätemontage der gleiche Köder verwendet wurde, tauschten Rolf und Bernd die Stellen. Aber auch jetzt konnte mit der Schwimmerangel kein Erfolg erzielt werden, wo vorher die Schwingspitzenrute fängig war. Erst als Rolf ebenfalls auf die Schwingspitzenmontage umstieg, stellte sich auch bei ihm der Erfolg ein.

Da ähnliches auch an anderen Gewässern zu beobachten ist, sind wir zu der Überzeugung gelangt, daß Schleien, die ja, wie bekannt, beim Gründeln fast Kopf stehen, mit ihrem Körper die Schnur berühren und nun den Köder nicht annehmen. Allerdings trifft diese Tatsache nicht in allen Gewässern zu, denn auch mit der Schwimmerangel lassen sich beachtliche Erfolge erzielen.

Das Bodenbleiangeln hat in den letzten Jahren immer mehr Anhänger gewonnen, und gerade auf große Schleien wird man kaum eine erfolgreichere Angelart finden. Doch Bodenbleiangeln kann sehr verschieden sein.

Das Schwingspitzenangeln, das Angeln mit dem Watcher oder mit dem offenen Schnurfangbügel sind bereits von uns beschrieben worden.

Beim Fischen auf Schleien hat es der Angler mit einem sehr schwer anzusprechenden Fisch zu tun. In einem Gewässer gibt es nur Fänge, wenn mit 0,15-mm-Schnüren, 14er-Haken und Maden gefischt wird. In anderen fressen die Schleien vorwiegend Tauwürmer, die getrost an 0,25-mm-Schnur und 6er-Haken angeboten werden können. Wichtig, um vor allem auch mit Fischen oberhalb der 1-kg-Grenze fertig zu werden, ist die Zusammenstellung des Gerätes. Schnurstärke und Hakengröße müssen, wie weiter oben schon erwähnt, den örtlichen Gegebenheiten, der Größe der Köder, aber auch der zu erwartenden Fischgröße angepaßt werden.

Abb. 34. Die Schleien ließen sich durch Mais zum Biß auf den Haken verführen, der direkt an einem Seerosenfeld plaziert war.

Wir verwenden zum Schleienangeln, speziell zum Fang kapitaler Exemplare, die Hardy Richard Walker Avon 10' und die Bruce & Walker MK IV Avon 10' (Fa. Jirsack & Simmes, 4402 Greven, Saerbecker Str. 31). Mit diesen Ruten sind alle Probleme des Schleienangelns, mit Ausnahme des Angelns in sehr verkrauteten Gewässern, wo eine leichte Karpfenrute angebracht ist, zu bewältigen.

Wer allgemein auf Schleien angelt, kommt mit altbewährten Ködern wie Maden, Weißbrotflocken, verschiedenen Pastensorten, Tau- und Rotwürmern aus. Hat er es jedoch auf besonders kapitale Exemplare abgesehen, muß er an vielen Gewässern auf andere Köder zurückgreifen, die zwar den Fischen unbekannt sind, aber dennoch genommen werden. Das hat sich schon an den verschiedensten Gewässern gezeigt.

Im Zusammenhang mit dem Köder spielt auch die richtige Angelmethode eine entscheidende Rolle. Verwendet man z. B. Muschelfleisch, Schweine- oder Hähnchenleber, gibt es Bisse, die der Angler bei Schleien sonst nicht gewohnt ist und die den Fluchtbissen beim Karpfenangeln gleichkommen. Deshalb sind das Schwingspitzenangeln und das Fischen mit dem Watcher für diese recht großen Köder ungeeignet. Diese Köder werden nämlich von den Fischen oft ohne Vorankündigung aufgenommen. Der Weg der Schwingspitze bzw. des Watchers ist jetzt kurz. Die

Schleie, die im Gegensatz zum Karpfen auf feinste Schnurvibrationen reagiert, läßt den Köder los, und der Angler hat das Nachsehen.

Deshalb ist beim Angeln mit dem offenen Schnurfangbügel (Free Line Fishing) ein schneller und entschlossener Anhieb erforderlich, bei dem auf keinen Fall so lange gewartet werden kann, wie beim Karpfenfischen. Sonst werden die meisten Fische eben nicht gehakt. Den richtigen Zeitpunkt des Anhiebs zu finden, ist nicht so einfach und erfordert ein hohes Maß an Konzentration und Erfahrung.

Nicht allzu viele Angler beherrschen diesen Anhieb so, wie es die Experten aus unserer Gruppe auch erst mit der Zeit gelernt haben. Bei ihnen geht das Aufnehmen der Rute, das Umschlagen des Rollenbügels und der Anhieb in eine Bewegung über, und in den meisten Fällen wird die Schleie auch gehakt.

Derartige Perfektion läßt sich nicht in einer einzigen Schleiensaison erreichen. Ausdauer, der Wille niemals aufzugeben und Erfahrungen, die beim Angeln auf andere Fischarten gewonnen wurden, sind die Grundlagen, um sogar auf Schleien erfolgreich zu angeln.

Anfängern erscheint gerade die Ausdauer als der am einfachsten zu erfüllende Faktor. Doch Vorsicht! Beim Angeln auf Großschleien darf man nicht in Tagen, Wochen oder Monaten rechnen. Wer ernsthaft beginnt, sich mit Großschleien anzulegen, der muß in Jahren rechnen, denn das Angeln auf Schleien, und besonders auf die großen, hängt von vielen, oft nebensächlich erscheinenden Faktoren ab, die zum Teil noch wenig erforscht sind. Doch welchen passionierten Angler würde das nicht reizen.

Mit dem Schwimmer

Das Posenfischen auf Schleien ist schon immer reizvoll und erfolgreich gewesen. Deshalb gehört diese Art des Angelns zu unseren beliebtesten Methoden, um „Tinca" auf die kleinen Schuppen zu legen. Sicherlich gibt es Tage, da braucht der Angler nicht viel zu tun. Der Schwimmer verschwindet unter der Wasseroberfläche, und nach kurzer Zeit schlägt einer dieser prachtvollen Fische im Unterfangnetz. Aber leider ist das nicht immer so, und gerade was Schleien betrifft, bleibt manche Enttäuschung nicht aus. Der Angler muß sich mit dem Beißverhalten und den Eigenheiten der Schleien eng vertraut machen und sehr experimentierfreudig sein, um auch an solchen Tagen Erfolg zu haben, wenn die Bisse heikel sind oder nicht so erfolgen, wie eigentlich erwartet.

Die beste und wohl erfolgreichste Art, heikle Schleienbisse anzuschlagen, ist die Liftmethode (Abb. 35), ein sogar recht einfaches, aber von der Wirkung her überzeugendes Verfahren.

Die Gerätezusammenstellung: Da die Liftmethode ausschließlich im Uferbereich angewendet wird, benutzt der Angler eine Stipprute von 3,60 m Länge, weil es sich mit dieser Rutenlänge am besten und schneller arbeiten läßt als mit einer langen, behäbigen Rute. Sie sollte außerdem noch recht kräftig sein und bis in das Handteil durchgehende Aktion besitzen, damit auch gefahrlos und sicher größere Exemplare gedrillt und gelandet werden können. Der Schwimmer, am besten eignet sich eine Antennenpose mit dem Schwimmkörper unten, wird nur am unteren Ende befestigt (Abb. 35). Die Antennenpose steigt, wie hier erforderlich, entsprechend ihrer Konstruktion langsam auf, während z. B. eine Pose mit gleichförmigem Schwimmkörper sofort empor und aus dem Wasser schießt. Der Haken kommt direkt an die Hauptschnur.

Das Blei (ein großes Bleischrot) wird etwa 5 cm hinter dem Haken auf die Schnur geklemmt. Der Schwimmer muß in jedem Fall überbleit und

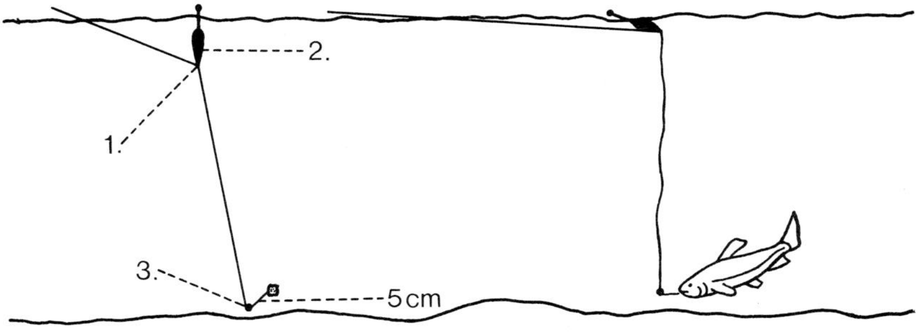

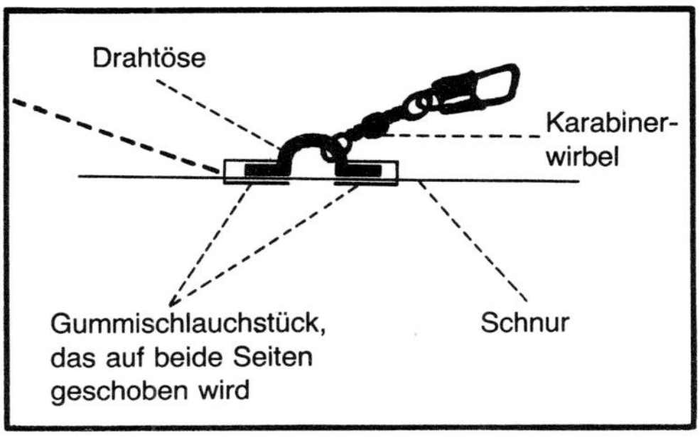

Abb. 35. Liftmethode und Posenbefestigung.

nicht ausgebleit sein. Sollte jedoch ein großes Schrotkorn nicht ausreichen, muß ein zweites unbedingt direkt hinter dem anderen angebracht werden.

Die Wassertiefe wird etwas länger als normal eingestellt. Nach dem Auswerfen des Köders legen wir die Rute auch hier auf zwei Rutenhalter, was sehr wichtig ist, und holen wieder so lange die Schnur vorsichtig ein, bis sich der Schwimmer aufrichtet. Wie weit er nun aus dem Wasser ragen sollte, findet der Praktiker durch Probieren schnell heraus. Der Biß wird durch das Aufsteigen der Pose angezeigt. Erst jetzt nimmt der Angler die Rute in die Hand und setzt gleichzeitig den Anschlag, der aber nicht erst erfolgen sollte, wenn die Pose schon flach auf dem Wasser liegt, sondern bereits beim Aufsteigen der Pose.

Ein sehr guter Köder für diese Angelmethode ist Brot in Form von Flocke, die im Wasser ja sehr weich wird und dem Haken kaum Widerstand bietet, wenn er in das Fischmaul eindringt. Aber auch Köder, wie Teig, Maden und Tauwürmer, bringen nicht weniger Erfolg.

Gibt es dennoch Fehlbisse, ist es ratsam, einen kleineren Schwimmer zu nehmen und den Abstand vom Blei zum Haken noch um ein bis zwei Zentimeter zu verringern. Damit er nicht unnötigerweise das ganze Gerät bei solch einer Maßnahme demontieren muß, befestigt der Angler den Schwimmer entweder mit einem Gummiring oder mit einer speziellen Schwimmerbefestigung, die es ermöglicht, die Pose jederzeit auszuwechseln und, wenn nötig, ein schnelles Umstellen auf Grund erlaubt. Genaueres wird später noch nachzulesen sein.

Beim Posenangeln auf Schleien sollte jedenfalls nicht so lange gewartet werden, bis vielleicht irgendwann ein Fisch den Köder nimmt. Es gibt nämlich auch Tage, da lassen sich Schleien leicht zum Anbiß verleiten. Diese Erfahrung machten u. a. Bernd und Roland, als sie an einem Teich auf Schleien angelten. Wie gewohnt, sollte die Liftmethode angewendet werden, die erfahrungsgemäß an diesem Gewässer sehr zuverlässig arbeitete. Nur an diesem Tag schien die Liftmethode nicht zu funktionieren, denn auch nach geraumer Zeit konnten beide Angler noch keinen einzigen Biß verzeichnen. Schließlich setzte die leichte Drift einen der beiden Schwimmer in Bewegung. Langsam wanderte die Pose, wurde plötzlich schneller und verschwand unter der Wasseroberfläche. Reflexartig kam der Anhieb, und nach kurzer, heftiger Gegenwehr vertauschte eine schöne Schleie die Freiheit mit dem Aufenthalt im Unterfangkescher. War das nun ein Zufallsfang oder bissen sie heute auf treibenden Köder? Das nächste Auswerfen brachte die Antwort in Form einer weiteren Schleie.

Doch leider ging der eine oder andere Anschlag leer aus. Schuld daran waren Schwimmer und Montage. Es handelte sich um eine Antennenpose, die für diese Angelart überhaupt nicht geeignet war. So mußte also neu überlegt, das Gerät anders montiert werden.

Die Posenwahl fiel dabei auf einen Canalliner. Das ist ein Schwimmer, der sowohl für das Angeln in stehenden Gewässern als auch in Kanälen geeignet ist. Er ist entweder nur unten zu befestigen, so z. B. bei Wind, wenn die Schnur versenkt werden muß. Das heißt, es läßt sich bei Befestigung nur unten die Liftmethode anwenden. Bei Wind ebenfalls nur unten befestigt angeln. Unter normalen Bedingungen, Befestigung oben und unten, kann der Köder treiben, wobei die Schnur an der Wasseroberfläche verbleibt, was gezielten Anschlag gewährleistet. Bei der variablen Posenbefestigung kann man nun in Sekundenschnelle, wie bereits erwähnt, mit wenigen Handgriffen die verschiedenen Methoden und

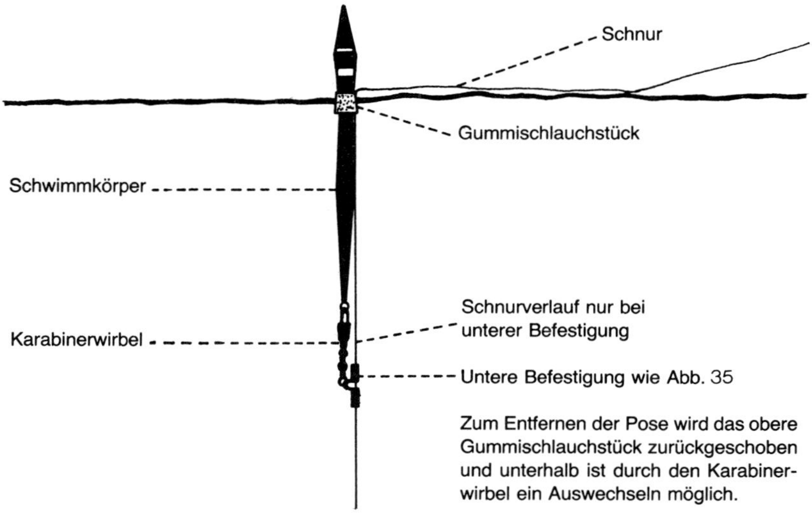

Abb. 36. Canalliner und Befestigung.

Techniken des Posen- und Grundbleiangelns anwenden. Beim Umschalten auf das Bodenblei entfernt der Angler die Pose aus ihrer Befestigung und hängt ein Grundblei ein (siehe Abb. 36).

Doch zurück zum Geschehen. Sie montierten also den Canalliner, tarierten das Bleigewicht so aus, daß ein Schrotblei im Abstand von 10 cm hinter dem Haken auf die Schnur geklemmt wurde. Die Tiefe loteten sie so aus, daß dieses eine Schrotblei genau auf dem Grund lag. Als Köder diente die vielversprechende Flocke, leicht auf den Haken gedrückt. Der Rest schien nur noch Formsache zu sein. Nachdem sie ausgeworfen hatten, begann der Schwimmer langsam zu wandern, wurde plötzlich wieder schneller, und die neue Montage brachte keinen Fehlschlag mehr. Innerhalb kürzester Zeit fingen Bernd und Roland an die 30 Schleie zwischen 500 und knapp 1000 Gramm.

Wie bereits angeklungen, sollte beim Posenfischen nichts unerprobt bleiben, und manchmal bringt „Mister Zufall" den erleuchtenden Gedanken. Bei etwas Überlegung und richtiger Montage des Gerätes kann jeder Angler diesen Zufall erfolgreich nutzen und neue Erkenntnisse gewinnen, die sicherlich bei passender Gelegenheit wieder Erfolg bescheren werden.

Dafür muß der Fischer aber ein gut ausgesuchtes Schwimmerprogramm zur Verfügung haben, denn nicht jede Pose ist tauglich. Alle von uns verwendeten Schwimmer stammen aus englischer Produktion, die eine Riesenauswahl bietet. Jede Pose mit der ihr speziell zugedachten Bebleiung hat einen bestimmten Sinn und Zweck. Außerdem sind sie von hervorragender Qualität, was Verarbeitung und Material betrifft, das größtenteils aus Naturprodukten wie Holz, Pfauenfederkiel, Sarkandasrohr (speziell für Schwimmer und Schwingspitzen) und Tonkin besteht. Selten wird mit Kunststoff gearbeitet und wenn, dann nur in Verbindung mit Holz oder um eine hohe Tragkraft zu erzielen.

Wir führen von jedem Posentyp, den wir benutzen, stets ein oder zwei Stück als Reserve in der Schwimmerkiste mit und achten darauf, daß sie auch noch auf Jahre hinaus nachzukaufen sind. Ist das nicht der Fall, wird ein Vorrat der bei uns so erfolgreichen Pose angelegt. Mancher mag meinen, das sei des Guten zuviel, er finge seine Fische auch so. Er mag vielleicht recht haben. Aber wer sich wirklich mit einer bestimmten Pose eingehend beschäftigt und in der Praxis damit auseinandersetzt, wird feststellen, daß nachhaltige Erfolge nur so zu erzielen sind.

Nachtangeln auf Schleie

Noch allzu wenige Angler bringen soviel Ausdauer und Nerven auf, längere Zeit zu nächtlicher Stunde am Wasser zu verbringen. Die meisten haben es schon das eine oder andere Mal auf Aal oder Karpfen versucht. Doch nächtliches Schleienangeln scheint zahlreichen Sportfreunden noch völlig unbekannt zu sein, obwohl gerade in typischen Schleiengewässern die großen sehr häufig nur nachts gefangen werden.

Bevor allerdings mit dem Nachtangeln an einem Gewässer begonnen wird, sollte sich der Sportfischer einen genauen Überblick über Standplätze und sogenannte Schleienwechsel durch Ausloten „verdächtiger" Gewässerabschnitte oder durch Angelversuche am Tage verschaffen. Je nach Gewässergröße können sich diese Vorbereitungen über Tage oder sogar Wochen erstrecken.

Da sich die fangträchtigen Stellen beim Schleienangeln meist in der Nähe von Seerosenfeldern und unter überhängenden Ästen befinden, sind zum Auswerfen und Plazieren des Köders überdurchschnittliche Fähigkeiten im Werfen erforderlich. Wer schon am Tage Schwierigkeiten hat, den Köder an die richtige Stelle zu bekommen, tut gut daran, nachts an einem weniger ertragreichen Platz zu angeln, der dafür aber zum freien Wasser hin zu befischen ist, so daß ein Fehlwurf nicht gleich den Verlust des Gerätes nach sich zieht. Die Unruhe, die entsteht, wenn festsitzendes Gerät aus Bäumen oder Wasserpflanzen gezerrt wird, wirkt sich negativ auf das Bißverhalten aus, zumal dann, wenn anschließend noch am Ufer herumgelaufen wird, um evtl. benötigtes Gerät zu suchen, oder zu allem Überfluß noch eine starke Taschenlampe eingeschaltet wird, ohne die sich viele Sportfreunde nachts am Wasser nicht wohl zu fühlen scheinen.

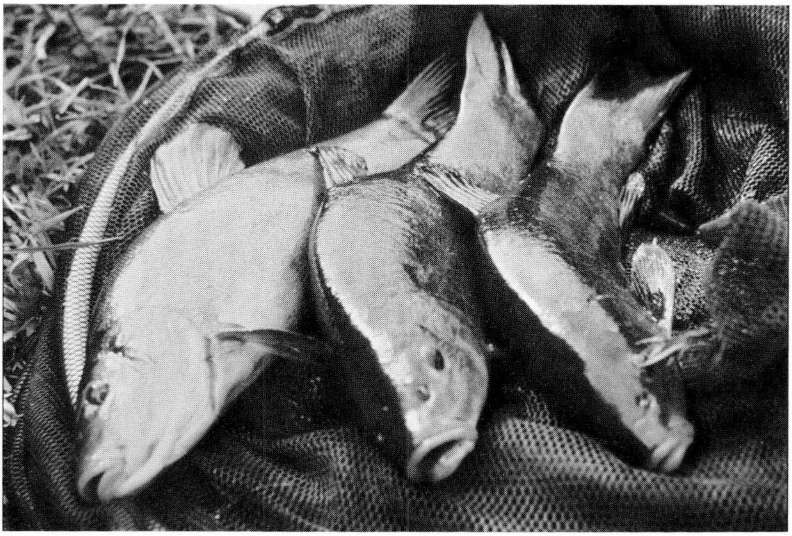

Abb. 37. Drei herrliche Schleien, beim Nachtangeln auf Tauwurm gefangen.

Jeder „Großfischangler", der etwas auf sich hält, kommt während der Dunkelheit ohne Taschenlampe aus, denn es ist erstaunlich, wie schnell sich unsere Augen an die Dunkelheit gewöhnen und wir nach einiger Zeit sogar die Konturen der Büsche am gegenüberliegenden Ufer erkennen können. Bei entsprechender Erfahrung und etwas Gefühl wird der Köder auch sicher an die ihm zugedachte Stelle geworfen.

In den meisten Gewässern benutzen wir die Bodenbleiangel mit einem weiß angestrichenen Watcher als Bißanzeiger, der in vielen Nächten völlig ausreicht und selbst feinnervige Bisse deutlich genug anzeigt. Sollte in extrem finsteren Nächten eine Bißerkennung mit dem oben beschriebenen Gerät nicht möglich sein, befestigt der Angler ein Leuchtröhrchen (Glimmi) am Watcher.

Beim Fischen mit Muschelfleisch, Leber und großen Tauwürmern sind die Bisse meist sehr heftig und können problemlos angeschlagen werden.

Unruhiges Verhalten am Ufer, aufblitzende und über das Wasser streichende Lichtkegel führen allerdings oft zu Zupfbissen, die bei der Verwendung großer Köder, wie sie zum Fang von Großschleien erforderlich sind, kaum erfolgreich angeschlagen werden können. Speziell beim Angeln im Uferbereich auf extrem kurze Entfernung ist auch bei Schleien absolute Geräuschlosigkeit unbedingt notwendig und oft nur durch stärkere Nerven und entsprechende Abgeklärtheit zu gewährleisten. Denn nachts nimmt das Ohr Geräusche wahr, die dem unerfahrenen Angler undefinierbar erscheinen und ihn beim Fischen unaufmerksam werden lassen.

Bleibt es nicht bei diesen Geräuschen, sondern gesellen sich auch noch einige Ratten hinzu, die an fast jedem Gewässer anzutreffen sind, ist schnell die Taschenlampe eingeschaltet, oder ein Stock saust auf die Ratten nieder und macht damit alle Fangchancen zunichte. Der erfahrene Nachtangler bleibt auch in solchen Situationen Herr der Lage, denn in den meisten Fällen haben Ratten mehr Angst als der von ihnen sitzende Angler, und sie merken sehr bald, auch ohne daß man sie verschreckt, daß es hier nichts zu holen gibt.

Doch vergessen wir neben diesen, manchem Sportfreund etwas unheimlichen Begebenheiten nicht, wie schön das Nachtangeln sein kann. Oft schon konnten wir Fledermäuse und Eulen bei ihren nächtlichen Beuteflügen oder Rotwild beim Äsen in der Dämmerung beobachten, und wer einmal einen Sonnenaufgang im Sommer und das Erwachen der Natur erlebt hat, wird verstehen was wir meinen.

Der Brassen

Ansichten über das Brassenangeln

Würde man eine Beliebtheitsskala erstellen, die die zu fangenden Fischarten widerspiegelt, stünde der Brassen sicherlich auf einem der untersten Ränge. Bei einer Gruppe von Anglern allerdings rangiert er an oberster Stelle, weil er als Punktelieferant bei Wettfischen hervorragende Dienste leistet. Drillfreuden und Geschicklichkeit sind hier kaum gefragt. Acht bis zehn mittlere Brassen garantieren normalerweise eine bessere Plazierung als dreißig Rotaugen oder sonstige Kleinfische der verschiedensten Arten. Natürlich befassen wir uns in diesem Buch nicht mit dem Wettangeln. Da es aber in der gesamten Anglerzunft zahlenmäßig stark vertreten ist, muß auch hier diese Ansicht übers Brassenfischen, wenn auch nur aus unserer Warte gesehen, erwähnt werden.

Die geringe Wertschätzung dieser Fischart findet sich leider bei der Mehrzahl aller „Normalangler". Die Gründe hierfür sind verschiedenster Art, zum Teil sogar gerechtfertigt. Es gibt Gewässer, an denen auch ein nicht sehr versierter Angler in der Lage ist, binnen kurzer Zeit eine größere Anzahl von Brassen zu landen. Allerdings wird dabei kaum ein Fisch die 300-g-Marke überschreiten, und ein 500-g-Brassen gilt schon als Sensation. Wen mag es unter solchen Umständen verwundern, daß der Brassen bisweilen als Kruppzeug angesehen wird und gegenüber einem massigen Rotauge das Nachsehen hat.

Unser Bestreben ist es, große Brassen zu fangen. Hierfür haben wir einige Stammgewässer, die sich mit der Zeit herauskristallisiert haben, was nur der stetigen Mühe des Suchens und Auskundschaftens vieler anderer Gewässer zu verdanken ist. Doch sind wir jederzeit bereit, Mitteilungen und Gerüchten über weitere Fangmöglichkeiten auf Großbrassen nachzugehen, selbst auf die Gefahr eines Reinfalls hin. Keiner möge nun glauben, wir seien Größennarren. Nun, groß ist für uns ein Brassen schon ab 1½ kg.

Obwohl der Brassen zu den am häufigsten vorkommenden Fischarten zählt, sind Gewässer mit guten Durchschnittsgewichten doch relativ dünn gesät. Hat der Angler solch ein Gewässer zur Hand, ist es aber noch ein weiter Weg, bis der Fisch im Kescher landet. Kapitale Brassen lassen sich weitaus schwieriger überlisten, auch wenn sie in großer Anzahl vorkommen, als ihre kleineren Artgenossen, die in fast jedem Gewässer anzutreffen sind. Ein Fangergebnis von wohl 45 kg, auf 30 Brassen aufgeteilt, oder ähnliche Erfolge, wie von uns schon mehrfach erreicht, gehören zu den Ausnahmen. Es bedarf schon einer gehörigen Portion an Kenntnissen und an Ausdauer, um den Brassen so erfolgreich nachzustellen.

Verschiedene günstige Faktoren müssen zusammentreffen, um einen derartigen Traumfang zu erleben. Das gilt für die fängige Gerätezusammenstellung, das entsprechende Gewässer oder die richtige Fangzeit, um nur einige Punkte zu nennen. Es muß einfach alles zusammenpassen. Der Angler kann es allerdings nicht dem Zufall überlassen, daß alle diese Faktoren auf einmal anzutreffen sind. Ohne eigenes Zutun geht es nicht, und nur wer sich mit allen Kenntnissen und äußerster Konzentration dieser Fischart zu widmen sucht, wird schließlich ein positives Ergebnis beim Fang kapitaler Brassen erzielen. Nachfolgend wird über einen unserer Großbrassenfänge berichtet.

Am letzten Sonnabend im Juni, die Laichzeit der Brassen war beendet, lag früh um 4.00 Uhr der See in dichten Nebel gehüllt. Wir drei, Roland, Bernd und ich, postierten uns in etwa 15 m Entfernung voneinander. Zunächst wurde reichlich Anfutter in Form von englischem Weißbrot, fein gemahlen, und Haferflocken zur Beschwerung angerührt. Jeweils etwa 15 apfelsinengroße Futterballen fanden in wohl 25 m Entfernung ihren später erfolgbringenden Platz.

Die Gerätezusammenstellung: Eine feinnervige, englische Hohlglassteckrute von 2,80 m Länge schien bestens geeignet für das heutige Schwingspitzenangeln. Eine kleine Stationärrolle, randvoll mit 0,15er Schnur, und ein 12er Flachstahlhaken vervollständigten das Gerät. Das Birnenblei mit Lauföse wurde so schwer gewählt, daß die erforderliche Entfernung von 25 m zu erreichen war, in diesem Fall 10 g. Die V-förmigen Rutenhalter ermöglichten durch richtige Anordnung uferparalleles Ablegen der Rute. Die Schwingspitze hing in der 90° Stellung etwa 1 cm über dem Wasserspiegel. Als Köder dienten wahlweise Maden, Weißbrotteig und Brot in Form von Flocke und Kruste.

Zunächst tat sich gar nichts. Der Nebel schien an Dichte noch zuzunehmen, die Sicht reichte nur 15 – 20 m weit. Nach zwei Stunden ließ sich von weit draußen das Schlagen starker Fische, vermutlich Brassen, wahrnehmen. Das bestätigte sich, als der Nebel lichter wurde. Schemenhaft kamen die sich wälzenden Brassenleiber zum Vorschein. Das

Abb. 38. So ein Brassen hat mehr als nur eine Menge Gräten zu bieten.

plötzliche Aufkreischen einer Bremse beim Anhieb lenkte nun alle Aufmerksamkeit auf Roland. Wer jemals mit feinem Gerät einen 54 cm langen und 2 kg schweren Brassen aus 25 m Entfernung herangedrillt hat, wird nie wieder behaupten, dieser Fisch verhielte sich wie ein „nasser Sack". Der nächste Fisch maß 49 cm, der dritte 52 cm. Und so ging es weiter. Wir fischten jeder mit etwa gleichem Erfolg. Ein bekannter Buchautor hat einmal von 60 kg Brassen an einem Fangtag berichtet. Heute machten wir ihm die Ehre streitig, und auch später konnten wir ähnliche Erfolge verbuchen.

Dieser in Kurzform besprochene Brassenfang konnte aber nur zustande kommen, nachdem wir uns in mühevoller und nervenaufreibender Kleinarbeit auf diesen Tag vorbereitet hatten.

Wer erst einmal Brassen dieser Größe und Anzahl mit entsprechendem Gerät gefangen hat, wird ganz bestimmt seine negativen Ansichten übers Brassenangeln neu überdenken und von dieser Art des Angelns ebenso angetan sei wie etwa vom Karpfenfischen.

Seebrassen

Wer in Seen angelt, stellt sich immer wieder die Frage: Angeln wir am richtigen Platz? Der großflächige Wasserspiegel, der sich da ausbreitet, erzwingt geradezu diesen Gedanken. Daß am gestrigen Platz der Setzkescher noch sehr voll wurde, ist kein Indiz dafür, daß es heute ebenso sein wird.

Das Brassenangeln in Seen ist in der Regel immer wieder mit langen Wartezeiten verbunden. Wir haben dort schon drei oder mehr Stunden auf den ersten Biß gewartet. Aber dann ging es los. Brassen auf Brassen verschwand im großräumigen Setzkescher. Doch eines sollte zuvor geklärt sein. Wird ein Massenfang gewünscht, oder soll gleich die Spreu vom Weizen getrennt werden? Mit anderen Worten: Wird mit Maden oder Mistwürmern gefischt, drängen sich stets kleinere Fische vor und verschlingen den Köder gierig. Gerade Mistwürmer aber werden auch von größeren Brassen gern genommen. Hier läßt sich Abhilfe schaffen. Es werden größere Köder wie Tauwürmer, größere Krustenwürfel oder Brotflocke angeboten. Man sollte in dieser Hinsicht gar nicht so zimperlich sein, denn Brassen scheuen sich keineswegs, größere Köder zu nehmen. Während vorher kleinere Fische gefangen wurden und Biß auf Biß kam, werden jetzt weniger Bisse verzeichnet, dafür aber größere Fische gelandet. Trotz geringerer Bißzahl muß doch immer wieder nachgefüttert werden, um die Fische am Platz zu halten. Das Anfutter sollte im Nahbereich, also beim Angeln mit der Pose, den Gewässergrund

Abb. 39. Wer mit einem Massenfang rechnet, sollte auch gerätemäßig darauf eingestellt sein. Zwei geräumige Setzkescher sind bestimmt keine Übertreibung. Auch der teleskopierbare Landungskescher ist, wie hier zu sehen, im Seerosenbereich angebracht.

Abb. 40. Diesen guten Brassenfang aus einem kleinen See in Dänemark kann man schon mal herzeigen.

als Wolke erreichen. Die Fische werden dadurch zur Futtersuche animiert und nehmen nun auch den angebotenen Köder. Beim Angeln in weiterer Entfernung wird das Anfutter in der Konsistenz so bemessen, daß es den Wurf zwar ohne Schaden übersteht, doch dann ebenfalls als Wolke auf dem Gewässergrund ankommt. Zu fest geknetete Anfutterballen liegen schließlich konzentriert an einer Stelle, und nur wenige Fische schlürfen sie gierig ein. Durch eine Futterwolke wird das Anfutter dagegen weiträumiger verteilt, und es wirkt durch seine Wittrung auf viel mehr Fische.

Methoden und Gerätezusammenstellung

Beim Posenfischen auf Brassen benutzen wir je nach Wassertiefe und Entfernung Ruten, auch englischer Bauart, von 3,60 m, 3,90 m bzw. 4,20 m Länge. Sie haben feine Spitzenaktion, aber dennoch genügend

Reserven, die es ermöglichen, auch größere Fische zu drillen. Schnur: Je nach Größe der zu erwartenden Fische 0,15er bzw. 0,175er. Hakengröße: Je nach Köder und Ködergröße 8er, 10er oder 12er.

Besonderes Interesse jedoch gilt dem Schwimmer und seiner Bebleiung. Wenn es möglich ist, nehmen wir auch hier eine Pose, die nur am unteren Ende befestigt wird und den Schwimmkörper unten hat. Der Anschlag läßt sich so direkter zum Haken durchbringen, und der Köder hält sich bei Wind und Wellengang besser auf oder kurz über dem Gewässergrund. Ein oben und unten zu befestigender Schwimmer muß beim Anschlag erst bewegt werden und er treibt bei leichter Drift von der Angelstelle ab. Sicher, man kann auch mit treibendem Schwimmer in stehenden Gewässern gute Fangergebnisse erzielen. Er sollte jedoch in gerader Linie auf den Futterplatz zutreiben, und noch ein wenig darüber hinaus, nicht aber von der Futterstelle abtreiben.

Das Abtreiben wird bei diesen Schwimmern durch die auf dem Wasser liegende Schnur und zum Teil durch den Posentyp verursacht. Der Schwimmer wandert durch die Drift, die einen Bogen (Bucht) in die Schnur treibt, auf das freie Wasser zu. Sinkt die Schnur unter Wasser, ist die Funktion dieses Schwimmers gestört. Wir fetten die Schnur also ein, damit sie an der Wasseroberfläche bleibt. Bei dem erstgenannten Schwimmertyp, der nur unten befestigt wird, muß die Schnur unter Wasser liegen. Dies läßt sich durch die Bebleiung erreichen oder durch Einreiben der Schnur mit Schmierseife oder Spülmittel. Abbildung 41 zeigt die Bebleiung einer solchen Pose.

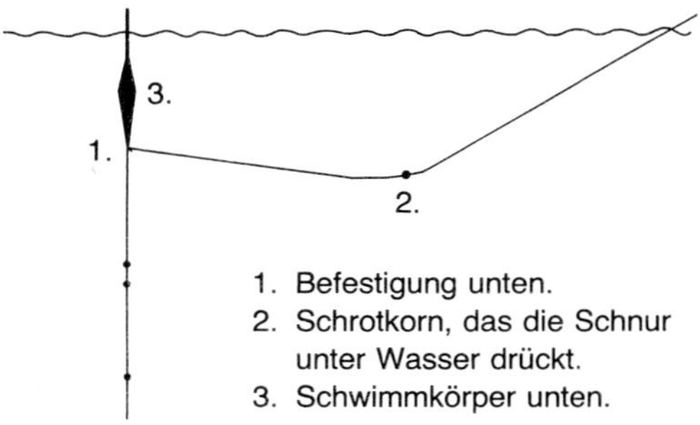

Abb. 41. Blei Nr. 2 ist entscheidend. Die Schnur wird unter Wasser gedrückt und dadurch trotz Drift oder Wellengang ein sicherer Anhieb gewährleistet.

Es muß auch nicht immer der vielbeschriebene Brassenschwimmer mit langer Antenne sein, der beim Biß aus dem Wasser steigt und sich anschließend auf die Wasseroberfläche legt. Diese Schwimmer sind manchmal wirklich zu groß und klobig und haben enorme Tragkraft.

Bei flacherem Wasser und ruhigem Wetter reicht auch ein Schwimmer kleiner Größe und Tragkraft aus. Das Aufsteigen und Flachlegen der Pose wird zum einen durch die Bebleiung und zum anderen durch den Brassen selbst bewirkt, der nach dem Aufnehmen des Köders das Bestreben hat, zur Wasseroberfläche zu schwimmen. Der Anschlag kann schon während des Aufsteigens der Pose kommen. Gibt es Fehlbisse, wird gewartet, bis der Schwimmer aufliegt und langsam abzieht. Sollte es auch hier nur Fehlbisse geben, greift der Angler auf die Liftmethode zurück.

Überall ist es aber nicht möglich, den Köder auf Grund aufliegen zu lassen. Bei moorigem Gewässergrund ist es ratsam, den Köder dicht über dem Grund anzubieten. Besonders Köder wie Maden und Würmer werden sonst nach kurzer Zeit im Gewässergrund verschwunden sein. Als Lotblei benutzen wir ein kleines, an den Haken geklemmtes Spaltschrot. Der Schwimmer ist jetzt überbleit. Die Tiefe lotet man so aus, daß die Schwimmerspitze gerade sichtbar wird. Auch hier können durch konzentrierte Bebleiung in Hakennähe Hebebisse erreicht werden. Wer auf Grund und dazu noch in weiter Entfernung angeln will, benutzt vorzugsweise die Schwingspitze, mit der sehr gute Fangerfolge auf Brassen zu erzielen sind.

Zum Fang großer Brassen in stehenden Gewässern benutzen wir ausschließlich die Grundangel mit offenem Schnurfangbügel. Auch hier wird die Rute so auf zwei V-förmige Rutenhalter gelegt, daß die Rutenspitze auf den Köder zeigt. Nachdem der Köder ausgeworfen ist, wird der Schnurfangbügel geöffnet. Hat der Fisch den Köder genommen, kann er die Schnur jetzt frei abziehen. Beim Brassen sollte jedoch mit dem Anschlag nicht allzulange gewartet werden.

Flußbrassen

Wer mit angemessenem Gerät intensiv auf diese Fischart angelt, wird sehr bald merken, daß Brassen, insbesondere aber große Flußbrassen, weit mehr als einen kraftlosen Drill und viele Gräten zu bieten haben. Gerade beim Angeln auf große Flußbrassen werden an den Angler und sein Gerät erhebliche Anforderungen gestellt. Wer Großbrassen erbeuten will, sollte sich zunächst nach einem geeigneten Gewässer umsehen, wo das Angeln auf diesen Fisch lohnenswert erscheint. Es gibt nur wenige Gewässer, die keine Brassen beherbergen. Doch gerade einen Fluß mit gutem Bestand an Großbrassen zu finden, das ist nicht ganz einfach. Wer aber mit der Suche Erfolg hat, wird für vieles entschädigt, denn es besteht im sportlichen Sinne ein erheblicher Unterschied zwischen kleinen Brassen von 750–1000 g und den großen oberhalb der 2½-kg-Marke.

In kleinen Flüssen oder größeren, 4 bis 5 m breiten Bächen gibt es die Möglichkeit, die Brassenschwärme schon durch Beobachtung auszumachen. Hat der Angler genügend Anfutter parat, kann der Schwarm über lange Zeit am Platz gehalten werden. Hier bietet sich die leichte Posenangel als ideales Gerät an. Leider kann man in den meisten Gewässern dieser Art nicht mit Großbrassen rechnen, was in vielen Fällen durch eine unnatürlich hohe Bestandsdichte bedingt ist, für die das Nahrungsangebot nicht ausreicht und so zu vielen kleinwüchsigen Fischen führt.

Abb. 42. Erfolgreicher Anhieb beim Angeln auf Flußbrassen.

Weitaus interessanter, was die Größe der Brassen angeht, aber auch problematischer wird es in großen Flüssen oder Strömen. Es gibt hier zwei Wege, die Großen zu fangen. Zum einen haben wir die Möglichkeit, über Massenfänge an den einen oder anderen großen Brassen heranzukommen. Zum anderen kann man durch gezielten Ködereinsatz und Ködergröße den Fang beeinflussen. Welche dieser Möglichkeiten bei einem bestimmten Gewässer am wirksamsten ist, stellt sich erst nach mehreren Angeltagen heraus. Zunächst gilt es aber, die Fische zu finden, was sich aufgrund der Größe der Gewässer und bei dem Verhalten der Brassen als schwierig erwiesen hat. In einigen Gewässern haben Brassen, insbesondere in den Morgenstunden, die Angewohnheit, sich zu wälzen. Kann man diesen Vorgang beobachten, braucht an dieser Stelle nur noch angefüttert und mit dem Angeln begonnen zu werden.

Vier bis fünf tennisballgroße Klumpen Futter, dessen Grundsubstanz Paniermehl ist, reichen für den Anfang. Beginnen die Fische kontinuierlich zu beißen, kommt weiteres Anfutter ins Wasser, das mengenmäßig der Schwarmgröße sowie dem Freßverhalten der Fische angepaßt werden muß. Zeigen sich aber nur wenige sich wälzende Fische, handelt es sich oft um besonders große Exemplare. Jetzt sollte auf keinen Fall angefüttert, sondern durch gezielten Wurf der Köder in die Freßbahn der Fische geworfen werden. Oft bietet diese Methode die einzige Möglichkeit, an besonders kapitale Fische heranzukommen.

Die Gerätemontage für das Brassenangeln ist denkbar einfach und erfolgt gemäß den im Kapitel über spezielle Bißanzeiger (Quiver-Tip) besprochenen Fanganleitungen. Bei Hochwasser sollte man allerdings den Quiver weglassen, da er meist ohnehin total ausgelastet ist und die eigentliche Rutenspitze seine Funktion übernimmt. Natürlich eignet sich nicht jede Rute für dieses feinnervige Angeln. Selbst Ruten englischer Herkunft lassen noch immer einige Wünsche offen.

Als Spitzenrute für dieses oder ähnliches Angeln möchten wir die von der Fa. Hardy gebaute Richard Walker Avon 10' (3,05 m) bezeichnen. Sie vereint Sensibilität und Stärke in unnachahmlicher Weise und hat uns in langjähriger Praxis nie enttäuscht.

Befischt der Angler nun ein Gewässer, in dem er die Brassen kaum beobachten kann, besteht nur noch die Möglichkeit, die Fische durch Suchen aufzuspüren. Dabei können gute Fangplätze an vergangenen Tagen durchaus eine Hilfe sein. Gewähr für erneuten Fang an dieser Stelle bieten sie hingegen nicht. Zu weit sind die Wege, die von den Brassen zurückgelegt werden. Früher glaubte man, daß Brassen sich nur an den ruhigen und träge fließenden Stellen der Flüsse aufhielten. Das hat sich inzwischen allerdings als falsch erwiesen, denn oft schon sind uns Brassen, und in vielen Fällen kapitale, an Stellen an den Haken gegangen, die normalerweise nur Döbel und Barben beherbergen.

Die Köderfrage kann beim Großbrassenangeln zum Problem werden, da viele andere Fischarten dieselbe Nahrung bevorzugen. Natürlich könnte durch entsprechende Ködergrößen eine Vorauswahl getroffen werden. Doch es ist erstaunlich, wie schnell selbst große Köder von

Kleinfischen zerlegt werden, und diese Tatsache dürfte mit ein Grund dafür sein, warum so wenige Großbrassen gefangen werden.

Sehr viele Angler, vor allem Wettfischer, verwenden ausschließlich Maden zum Brassenangeln. Sie fangen sicher auch ihre Fische. Um aber an die großen Brassen heranzukommen, muß man variabler sein. Sind in dem einen Gewässer Tauwürmer gefragt, beißen die Brassen in einem anderen besser auf walnußgroße Pastenstücke, womit auch geangelt wird.

Wichtig ist nicht die Verwendung irgendwelcher geheimnisumwehten Wittrungen, sondern das richtige Anbieten des Köders. Wird z. B. mit Tauwürmern oder größeren Pastenstücken am 4er Haken gefischt, braucht der Angler keine Schnur unter einen Durchmesser von 0,2 mm zu verwenden. Diese Köder lassen sich, falls erforderlich, auch an 0,25 mm oder 0,3 mm Schnur natürlich anbieten. Bei Maden, Weizenkörnern und ähnlichen Kleinködern sollte mit einer Schnur unter 0,2 mm Stärke sowie entsprechend kleinen Haken (Gr. 10 – 14) geangelt werden, die gerade in diesen kleinen Größen von bester Qualität sein müssen. Die im Kapitel Karpfenangeln beschriebenen VMC- bzw. Sundridge-Specimen-Öhr-Haken bekommt man bis zu Größe 20. Sie sind bestens für das Angeln mit Kleinködern auf große Fische geeignet.

Angeln mit Futterröhrchen oder Futterspirale

Geräte, Methoden, Verwendungsgebiet

Wer auf Dauer das Angeln mit der Schwingspitze und dem Quiver-Tip oder auch das normale Grundangeln erfolgreich betreiben will, kommt nicht umhin, sich eines Tages des Swimfeeder-Angelns zu bedienen. Swimfeeder sind Futterkörbchen, mit denen der Angelplatz gezielter und direkter anzufüttern ist, als mit herkömmlichen Methoden. Diese Futterkörbchen bestehen aus kleinen Weich- oder Hartplastikröhrchen. Es gibt sie in verschiedenen Farben und Größen, wobei die Größen mit klein, mittel und groß bezeichnet werden. Je nach Gewässertyp und Köder sind verschiedene Ausführungen erhältlich (Abb. 43).

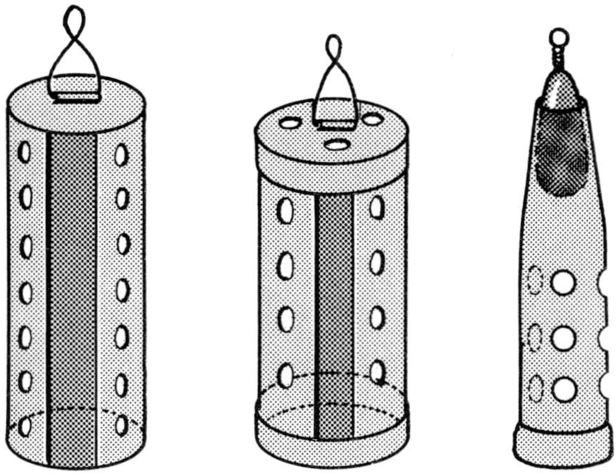

Abb. 43. Verschiedene Futterkörbchen (Swimfeeder).

Für das Angeln in stehenden Gewässern, wo Maden als Köder und Anfutter benutzt werden, verwenden wir Futterkörbchen, die abnehmbare Endkappen haben. Vor dem Einfüllen der Maden ins Futterkörbchen (Abb. 44) wird mindestens eine schon gleich auf den Haken gezogen. Die

Abb. 44. So füllen wir das Futterröhrchen.

Endkappe muß sorgfältig geschlossen werden. Geschieht dies nicht, kriechen die Maden noch an Land aus dem Futterkörbchen. Das Auswerfen sollte nicht unnötig verzögert werden.

Zwei verschiedene Arten von Futterkörbchen stehen für das Angeln mit Maden zur Verfügung. Das eine ist mit einem Birnenblei und Wirbel versehen, das andere ist so konstruiert, daß man auf ein Stück Schnur, das in Längsrichtung mitten durch das Futterkörbchen geführt wird, das Blei in Form großer Schrotkörner aufklemmen kann. Während der Angler beim ersten durch das Birnenblei, das genau in die Öffnung des Futterkörbchens paßt, an ein bestimmtes Wurfgewicht gebunden ist, kann er beim zweiten durch Aufklemmen von Schrotkörnern das Bleigewicht beliebig variieren.

Soll als Füllung normales Anfutter (Paniermehl) benutzt werden, verwenden wir ein Futterröhrchen, das an beiden Enden offen ist. Es eignet sich dadurch für jede Art von Grundköder außer Maden pur. Das Gewicht ist meist durch Wickelblei so gehalten, daß das leere Körbchen gerade den Boden erreicht. Dazu dient in der Regel einfaches Paniermehl, womit je nach Gewässertyp, sei es also fließendes oder stehendes Wasser, das Futterröhrchen vollgestopft wird.

Zuerst das Angeln in stehenden Gewässern:

Als Grundsubstanz dient normales feuchtes Anfuttern, mit dem das

Futterkörbchen einseitig verschlossen wird. Anschließend kneten wir etwas Anfutter, etwa 1,5 cm tief, in das Futterröhrchen hinein. Nun umfassen wir es mit der ganzen, etwas angefeuchteten Hand und füllen es mit trockenem Paniermehl so weit auf, daß wir das obere Ende mit normalem (feuchtem) Futter verschließen können. Das Anfeuchten der Hand verhindert das sofortige Ausfließen des trockenen Paniermehls durch die kleinen Löcher. Nach dem Auswerfen des Futterkörbchens spielt sich folgender Vorgang auf dem Gewässerboden ab: Durch die kleinen kreisrunden Löcher dringt Wasser in das Futterkörbchen ein. Das trockene Paniermehl saugt es auf. Die kleinen Paniermehlkrumen werden aufgeschwemmt und erzeugen im Futterkörbchen leichten Druck. Dadurch werden beide Stopfen verdrängt, und das Paniermehl explodiert zu beiden Seiten als Wolke aus dem Futterkörbchen heraus. So entsteht eine Anfutterwolke ganz dicht am Haken. Ist das trockene Paniermehl mit Maden vermischt worden, beschleunigen deren Bewegungen noch den Vorgang.

Für das Angeln in Fließgewässern sieht der Vorgang etwas anders aus. Während in stehenden Gewässern der Druck durch das Paniermehl künstlich entsteht, kommt dem Angler in Fließgewässern die Strömung zu Hilfe. Die beiden Enden des Futterkörbchens werden auch hier mit etwas festerem Anfutter verschlossen, wobei die innere Füllung in weicher Konsistenz, also schon feucht gehalten wird. Die Strömung wäscht das Anfutter heraus, und es treibt als Fahne flußabwärts. Ein so vorbereitetes Futterröhrchen wäre für stehende Gewässer unsinnig. Hier würde der Zerfall sich viel zu langsam vollziehen, also praktisch unwirksam bleiben. Wichtig wäre auf jeden Fall für beide Gewässer, daß gleich zu Anfang des Angelns, bei evtl. ausbleibenden Bissen das Futterröhrchen aufgefüllt und ausgeworfen wird. Beißen die Fische kontinuierlich, kann das Futterröhrchen zwischendurch abgehängt und erst bei Nachlassen der Bisse wieder eingesetzt werden. Das Futterröhrchen wird entweder freibeweglich wie ein Laufblei benutzt oder in der Art eines Paternostersystems an der Angelschnur befestigt. Wichtig ist auf jeden Fall, daß es sich in Hakennähe befindet. Beim Befestigen wie ein Laufblei hängen wir es in einen Wirbel ein und stoppen es durch ein Spaltschrot oder einen Ledgerstop 25 bis 30 cm vom Haken entfernt. Zum paternosterartigen Befestigen des Körbchens dient entweder ein Springring oder ein Dreiwegwirbel. Für die Länge des Seitenarms empfiehlt sich hier die halbe Länge (Dreiwegwirbel-Springring) zum Haken. Siehe Abbildung 45.

Schließlich noch ein paar weitere Einzelheiten über das Gerät. Futterkörbchen, mit denen ausschließlich Maden ausgeworfen werden, können

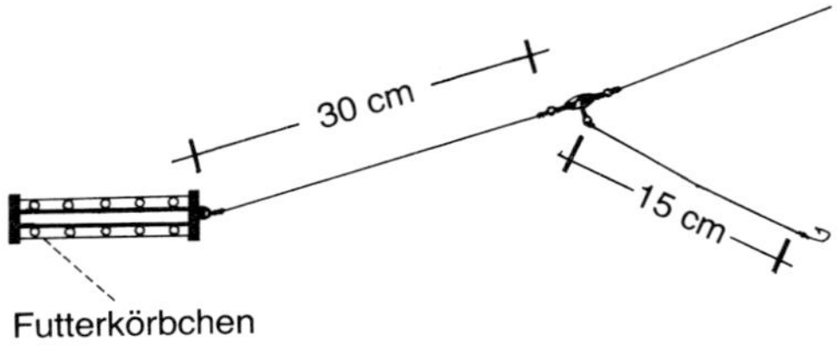

Abb. 45. Swimfeeder-(Futterkorb)Montage. Der Abstand vom Kreuzwirbel zum Haken muß wesentlich kürzer sein als der zum Futterröhrchen.

ohne weiteres an Schwingspitzen- oder Quiver-Tip-Ruten befestigt werden. Das Gewicht ist sehr gering gehalten, die Rute wird das Auswerfen ohne jeden Schaden überstehen. Anders sieht es bei futtergefüllten Körbchen aus sowie beim Überbrücken weiterer Distanzen. Hier greift der Angler auf jeden Fall auf eine spezielle Swimfeeder-Rute zurück. Es handelt sich hierbei um sogenannte Fasttapper-Ruten. Das sind Ruten, die eine sehr schnelle Verjüngung vom Handteil zur Spitze haben, die aber noch so sensibel sind, daß sie sich für alle anderen Arten des Grundangelns eignen. Sie werden in entsprechenden Modellen von englischen Rutenherstellern angeboten. Ein Futterkörbchen mit normal gefülltem Anfutter wiegt immerhin 50 – 80 g. Rechnen wir noch Würfe über weitere Distanzen hinzu, ist es auf jeden Fall ratsam, sich solch einer Rute zu bedienen.

Baitdropper

Der Baitdropper ist eine geradezu geniale Erfindung, um Anfutter zielsicher auf dem Gewässergrund zu plazieren. Wie so oft handelt es sich hier um eine Entwicklung englischen Ursprungs. Im Baitdropper, zu deutsch Wurfdose, werden grobes Anfutter wie Weizen und Mais, trockenes oder sehr lockeres Anfutter wie z. B. Paniermehl, ferner Maden und eine Menge anderer Köder ausgeworfen. Durch einen einfachen Mechanismus öffnet sich der Baitdropper erst auf dem Gewässergrund. Abbildung 46 verdeutlicht Mechanismus und Wirkungsweise der Wurfdose.

Zum Auswerfen der Dose dient eine zweite Rute. Es läßt sich aber auch die Rute benutzen, mit der geangelt wird. Doch Vorsicht! Der Baitdropperwiegt je nach Inhalt 50 – 80 g und erfordert daher eine Rute, die solch ein Gewicht verträgt, und das ganz besonders, wenn in weiter Entfernung geangelt wird. Die Belastung von Rute und Schnur ist hierbei erheblich. Beim Angeln im Nahbereich kann der Angler die Dose an nicht zu feinem Gerät noch vorsichtig 10 – 15 m hinausschlenzen. Sehr gut läßt sich der

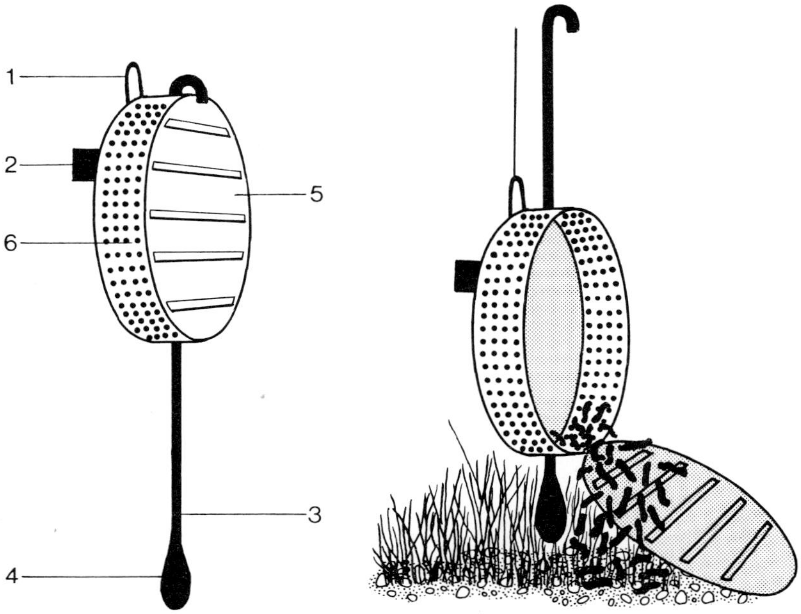

Abb. 46. Baitdropper (links), Wirkungsweise (rechts).

Baitdropper beim Posenfischen in stehenden oder fließenden Gewässern verwenden, wenn direkt unter der Rutenspitze geangelt wird. Hier bedarf es nicht unbedingt einer Zweitrute zum Auswerfen. Von vorn her ziehen wir die Schnur durch den Bügel und drücken den Haken von unten in das Korkstück. Jetzt kann man genau unter der Rutenspitze zielsicher anfüttern (Abb. 47).

Abb. 47. Baitdropper, für gezieltes Anfüttern beim Posen- und Grundfischen.

Wie geht es weiter, wenn der Baitdropper den Gewässergrund erreicht hat? Kommt er dort langsam unter Fühlung und im 90°-Winkel zur Rute an, öffnet er sich sofort. In den anderen Fällen aber nicht. Jetzt wird etwas Schnur eingeholt. Der Deckel fällt nach unten, und das Anfutter rieselt heraus.

Benutzt der Angler ein Anfuttergemisch aus Maden und trockenem Paniermehl oder auch Anfutter festerer Art, das am Korb haften bleiben könnte, ist es ratsam, erst Fühlung zu nehmen und dann ein-, besser zweimal, kurz ruckartig zu ziehen. Andernfalls kann es vorkommen, daß ein Teil des Anfutters erst irgendwann während des Wiederholens herausfällt.

Auf Karauschen

„Lohnt“ sich das Angeln auf Karauschen?

Es war ein in jeder Hinsicht herrlicher Morgen, etwa Ende Mai, als ich frohgelaunt und voller Zuversicht an meiner Stelle „bei den Pappeln“ eintraf. Gute Brassen- und Schleienfänge der vergangenen Tage mit der Schwingspitzrute sollten mir die Wahl der Gerätezusammenstellung eigentlich erleichtern. Doch beim Anblick des Gewässers mit der kaum wahrnehmbaren Strömung und einer Oberfläche so glatt wie ein Spiegel, konnte ich nicht anders, als mit dem Schwimmer zu angeln.

Die 14-ft.-Rute (4,26 m) war schnell ausgepackt. Eine kleine Stationärrolle, gefüllt mit 0,20er-Schnur, ein 12er-Goldhaken und eine kurze Strömungspose mit etwa 4 g Tragkraft machten das Gerät zu einer Einheit.

Nach dem Ausloten in Flußmitte, einer Entfernung von 15 – 20 m, brachte ich die Bebleiung in Art einer Kette durchgehend vom Schwimmer bis 5 cm vor dem Haken an. Das Anfüttern lag 15 – 20 Minuten zurück, also konnte es losgehen. Als Köder dienten zunächst zwei Rotwürmchen. Nach ein paar Würfen hatte ich mich eingeschossen, und eigentlich mußte der Köder nun in der Futterspur laufen.

Plötzlich erreichte der Schwimmer doppelte Fließgeschwindigkeit. Der Anhieb stoppte seine Fahrt, und die weiche Rute bog sich mächtig. Nach Brassen sah dies nicht aus, es könnte eher eine Schleie sein! Mein Gegenüber entwickelte erstaunliche Gegenwehr und entpuppte sich schließlich als eine Karausche von 650 g. Das was aus diesem Gewässerabschnitt zwar nicht meine erste Karausche. Sie übertraf aber meinen bisherigen Rekordfisch um genau 100 g. Es folgten zwei Brassen, dann die zweite Karausche mit fast 500 g. Der Knüller stand mir jedoch noch bevor. Er entpuppte sich als Großkarausche mit dem erstaunlichen Gewicht von etwa 1 kg. Als ich gegen Mittag das Angeln einstellte, befanden sich neben vielen Brassen und Rotaugen fünf Karauschen von 300 g bis 1 kg im Setzkescher.

Soweit der Bericht unseres Gruppenmitglieds Rolf.

Abb. 48. Kapitale Karausche, die den Köder unterhalb der übers Wasser ragenden Weidenbüsche nahm.

Nach seinem Fang zu urteilen, müßte die Frage: „Lohnt sich das Angeln auf Karauschen?" eigentlich schon beantwortet sein; aber ganz so ist es nun doch nicht. Derart gute Tage sind, auf das Karauschenangeln bezogen, die Ausnahme, zumindest was die Größe betrifft. Doch auch die Wahl des Gewässers spielt hierbei eine entscheidende Rolle, denn längst nicht jedes eignet sich zum Ansitz auf Karauschen. Viele Gewässer, kommen sie dem eben beschriebenen in der Beschaffenheit auch noch so nahe, beherbergen diese Fischart nicht. Garantiert schlägt ein Versuch fehl, läßt sich der Angler an irgendeinem Fluß, Kanal oder See nieder und hofft auf Karauschen. Ihre Verbreitung entspricht bei weitem nicht der des Brassens oder des Rotauges, auch wenn in der Fachliteratur oft Gegenteiliges behauptet wird. Entweder ein Gewässer verfügt über einen annehmbaren Karauschenbestand, oder eben nicht.

Annehmbar bedeutet für uns, daß die Möglichkeit besteht, Karauschen zu fangen, die über Köderfischgröße hinausreichen. Es gibt Gewässer, an denen es gelingt, am Tag zwanzig oder mehr Fische dieser Art zu fangen, jedoch wird die 200-g-Marke kaum überschritten. In der Regel handelt es sich hierbei um kleinere Seen oder Teiche, wo die Karausche, zum Teil durch falsche oder vernachlässigte Besatzmaßnahmen, selbst zum größten Nahrungskonkurrenten unter ihresgleichen wird.

Wir haben festgestellt, daß in Gewässern mit übergroßem Karauschenbestand, der nicht entwicklungsfähig ist, auch andere Fischarten wie Rotauge und Rotfeder äußerst kleinwüchsig bleiben. Karauschen in großer Zahl fressen so viel Nahrung weg, daß andere Arten, z. B. die eben genannten, zurückgedrängt werden.

In Gewässern mit gesundem und natürlichem Fischbestand jedoch tritt die Karausche in wesentlich geringer Zahl auf, wächst hier allerdings in Einzelstücken zu erstaunlichen Größen heran. Dennoch gilt ein 1250-g-Fisch als absolut kapital, und nur wenige Angler werden in ihrer Laufbahn auf solch große Karauschen verweisen können. Die von Zeit zu Zeit gemeldeten Riesen von 1750 g aufwärts sind bestimmt Ausnahmen und Zufallsfänge. Sie sind ebenso selten wie etwa ein 5-kg-Döbel oder ebenso schwere Schleie. Außerdem ist nicht ganz sicher, ob es sich nicht um Kreuzungen handelt.

Wer also das Glück hat, ein Gewässer in seiner Nähe zu wissen, vielleicht einen träge dahinziehenden Fluß mit schlammigem Grund, einen verträumten Teich oder kleinen See, der über einen begrenzten Karauschenbestand verfügt, sollte unbedingt einmal Karpfen und Schleie für einige Zeit zurückstellen und sich intensiv mit diesen kleinen Kämpfern befassen.

Karauschenangeln unter diesen Voraussetzungen, selbstverständlich mit angepaßtem Gerät, lohnt sich ganz bestimmt.

Geräte, Methoden, Köder

Wer Karauschen nur als Köderfisch ansieht oder als Kleinfisch abwertet, braucht sich über den Fang dieser „Winzlinge“ keine besonderen Gedanken zu machen, denn Kleinfische, gleich welcher Art, sind ohne besonderen Aufwand leicht zu erbeuten. Wer aber auf Großkarauschen geht, muß sich intensiv mit diesem Fisch befassen und auf dessen Verhaltensweisen einstellen.

In typischen Karauschengewässern verwendet der Angler bevorzugt die Posenangel. Hier die Montage: Als Pose kommen nur sensible Modelle in Frage, die selbst feinste Bisse signalisieren, denn große Karauschen sind ähnlich vorsichtig wie große Rotaugen.

In Teichen und anderen ruhigen Gewässern verwenden wir bevorzugt den „Stilwater Blue“ der Firma Peter Drennan (geliefert durch die Firma Jirsack & Simmes, Greven). Dieser Schwimmer wird nur unten befestigt,

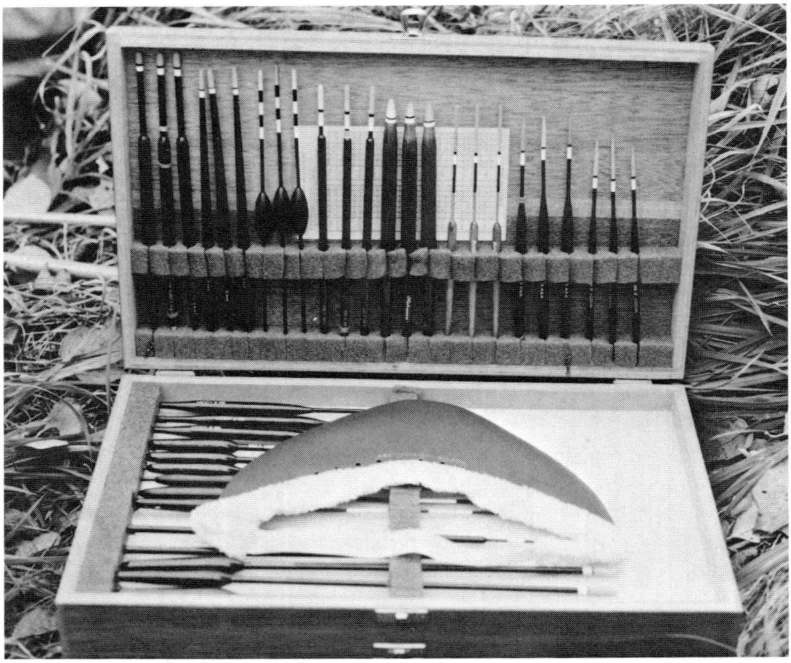

Abb. 49. Posen für stehende und leicht fließende Gewässer. Eine Sonnenblende leistet oft gute Dienste.

so daß, wenn die Rutenspitze 1–2 cm unter Wasser gedrückt wird, die Schnur unter Wasser verläuft und so der einmal angeworfene Platz gehalten wird, auch wenn der Wind eine Oberflächendrift verursacht. So ist ein einwandfreier Anhieb möglich.

Der Schwimmer wird so bebleit, daß das Hauptgewicht, etwa 50 cm vom Haken entfernt angebracht, Dreiviertel des Schwimmkörpers unter Wasser zieht. Das unterste Blei ist entscheidend für die Bißerkennung. Es wird rund 10 cm vom Haken entfernt angeklemmt und darf die Antenne nur noch 1 cm aus dem Wasser ragen lassen.

Karauschen lassen sich keineswegs nur auf dem Gewässergrund zum Biß verleiten. Sie nehmen den Köder in allen nur denkbaren Wassertiefen. Sollten also Bisse auf dem Grund ausbleiben, eignen sich andere Tiefenbereiche zum Befischen ebenfalls gut.

Mit Vorliebe halten sich Karauschen zwischen Schilfhalmen im nur 15 bis 20 cm tiefen Wasser auf, zumal dann, wenn die Sonne auf diese Stelle scheint. Hier nehmen sie Nahrung von der Oberfläche auf. An solchen

Tagen angeln wir ganz ohne Schwimmer und pirschen uns, jede mögliche Deckung ausnutzend, an die fressenden Fische heran. Die Schnur wird, nur mit einem Haken und dem Köder, in diesem Fall Weißbrotkruste, versehen, vorsichtig in der Nähe von Schilfhalmen aufs Wasser heruntergelassen. Dies Verfahren hat sich übrigens auch auf andere Fischarten als sehr anziehend erwiesen.

Für Tippfischen und Posenfischen verwenden wir englische Matchruten in den Längen von 12, 13 und 14ft. (3,65 m, 3,96 m und 4,26 m), je nach Tiefe und Gewässerbeschaffenheit. Zu empfehlen wäre hier u. a. die Hardy-Matchmaker-Serie. Diese Ruten lassen sich gleichermaßen zum Schleie-, Brassen- und Rotaugenangeln benutzen, und sie sind auch in verkrautetem Gewässer jeder Karausche gewachsen.

Man darf allerdings die Kampfkraft der Karausche nicht unterschätzen. In verkrauteten Gewässern sollte nicht mit schwächerer als 0,25-mm-Schnur geangelt werden, denn eine 1000-g-Karausche kämpft mindestens genauso entschlossen wie ein 2-kg-Karpfen.

Im Fließgewässer mit mäßiger Strömung greifen wir zur Grundangel, die mit einer Schwingspitze versehen wird, sofern es die Fließgeschwindigkeit zuläßt. Sollte aber die Strömung zu stark sein, wird ein Quiver-Tip

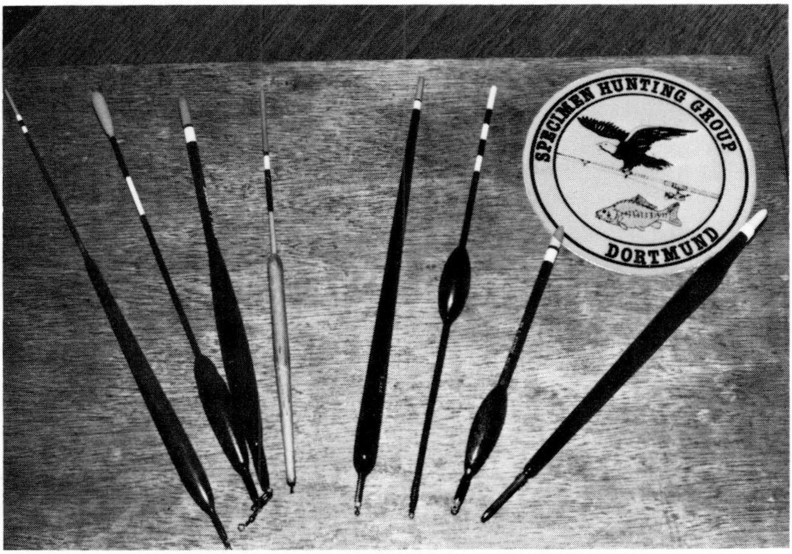

Abb. 50. Verschiedene Posen für stehende oder leicht fließende Gewässer

in den Spitzenring geschraubt. Es ist erstaunlich, in welch starker Strömung sich Karauschen aufhalten, die, haben sie eine entsprechende Größe erreicht, in diesen schwer zu beangelnden Flußstrecken an angemessenem Gerät einen unvergeßlichen Drill liefern.

Als Köder kommen Brot, Weißbrotflocke, Mistwürmer, Tauwürmer, aber auch gesüßter Mais und Haferflockenvanillepaste in Frage, auf die wir beim Karpfenangeln schon mehrere kapitale Karauschen fingen, die sogar walnußgroße Köder annahmen. Mit dem Anfutter wird sehr sorgsam und überlegt umgegangen. Schnell ist zuviel Futter eingebracht, und das Angeln bleibt erfolglos, oder es werden nur Kleinfische gelandet.

In kleineren Gewässern ist es auf jeden Fall besser, die Fische zu beobachten und sie erst dann gezielt zu beangeln, als an irgendeiner x-beliebigen Stelle 5 kg Paniermehl zu versenken und schließlich doch keinen nennenswerten Fisch zu landen.

In Fließgewässern bringt dosiertes Anfüttern nach der Methode „wenig, aber oft" den gewünschten Erfolg. Hier hat sich eine Mischung aus Blut und Paniermehl als sehr wirksam erwiesen.

Aufzeichnen und Auswerten von Angeldaten

Wer unsere bisher veröffentlichten „Fisch und Fang"-Berichte verfolgt hat, wird festgestellt haben, daß wir von Oberflächlichkeiten und halben Sachen nicht viel halten. So gehört zum Fischen selbstverständlich auch das Aufzeichnen wichtiger Fangdaten.

So etwas ist nicht jedermanns Sache. Angesprochen wird hauptsächlich jener Anglerkreis, der unter anderem Wert auf regelmäßig gute Fänge legt. Da wohl kaum einer über ein Computerhirn verfügt, ist es unbedingt erforderlich, wichtige Daten systematisch und gewissenhaft festzuhalten. Nur so ist es möglich, auch nach Ablauf einer bestimmten Zeit Rückschlüsse zu ziehen, wichtige Erkenntnisse zu erlangen und sie optimal auszunutzen.

Aber nicht nur in bezug auf das Fangen bestimmter Fische ist eine derartige Aufzeichnung von Bedeutung. Wer hat nicht Freude daran, an einem trüben Wintertag, sofern die Döbel nicht beißen, in einem klaren und geordneten Archiv Rückschau zu halten. Bei jeder Eintragung, liegt sie auch noch so weit zurück, kommen dem Leser sogleich bestimmte Erinnerungen, fast so, als wäre es erst gestern gewesen. Die folgenden Zeilen mögen zeigen, wie wir es handhaben. Nachahmung ist hier sehr zu empfehlen.

Zunächst zum Sinn und Zweck der Aufzeichnungen. Keiner wird sich die Mühe machen, ein detailliertes Fangbuch zu führen, ohne sich zu überlegen, welchen Sinn das Ganze hat und welche Schlüsse aus den verschiedenen Daten zu ziehen sind. Wie Abb. 51 zeigt, weist unser Fangbuch die verschiedensten Positionen auf, die nicht von heute auf morgen entstanden, sondern das Resultat praktischer Erfahrungen unserer Gruppenmitglieder über mehrere Jahre sind.

Früher machte jedes Gruppenmitglied Eintragungen, die ihm besonders wichtig erschienen, für die Gruppe aber als Vergleichsmöglichkeit bei Durchsicht am Ende des Jahres unbrauchbar waren. Daraufhin wurde das Konzept für ein einheitliches Fangbuch erstellt.

Das Datum sollte genau eingetragen werden, um am Jahresende Vergleichsmöglichkeiten mit anderen Gruppenmitgliedern zu haben, die

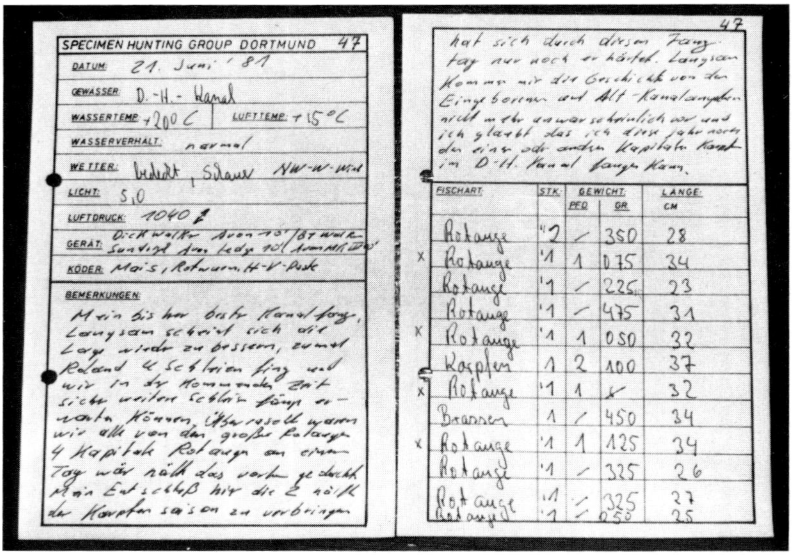

Abb. 51. Fangbuchseiten.

evtl. am gleichen Tag in einem anderen Gewässer ebenfalls geangelt hatten.

Unter der Rubrik Gewässer darf nicht nur der Name eines Sees oder Flusses erscheinen, sondern eine möglichst genaue Angabe des Angelplatzes, der mit einem speziellen Namen versehen und den Gruppenmitgliedern geläufig ist.

Die Luft- und Wassertemperatur sollte während der ganzen Angelzeit im Auge behalten werden. Absinken oder Ansteigen der Temperaturen veranlaßt Fische oft, andere Wasserschichten aufzusuchen, was den Angler, will er weiterhin Erfolg haben, dazu zwingt, Angelmethode oder Tiefeneinstellung zu verändern oder in Extremfällen sogar andere Gewässerteile aufzusuchen.

Einflüsse wie z. B. Strömung, Hochwasser, Drift und Wellengang werden unter „Wasserverhältnisse" vermerkt. Daß Witterungseinflüsse auf das Beißverhalten der Fische Auswirkungen haben, ist unbestritten. Besondere Bedeutung kommt der Windrichtung zu. Südwestwinde sind in den meisten Gewässern und bei vielen Fischarten günstig. Doch auch hier gibt es Abweichungen von der Regel. Gerade beim Döbelangeln im Winter haben wir an manchen Tagen die Feststellung gemacht, daß diese Fischart gerade bei Ostwind besonders gut beißt.

Abb. 52. Belichtungsmesser, Barometer und Thermometer.

Viele Erlebnisse, insbesondere beim Rotaugenangeln, haben bestätigt, daß das Licht einen sehr großen Einfluß auf das Beißverhalten der Fische ausübt. Oft kann ein Angeltag noch erfolgreich beendet werden, wenn an einem sonnigen Tag die Abenddämmerung abgewartet wird. Ich kann mich noch gut an einen solchen Tag erinnern. Wir angelten an einem großen Natursee in der Holsteinischen Schweiz. Durch Erfolge der vorhergehenden Tage ermutigt – immerhin fing Bernd hier in drei Wochen 83 Rotaugen über 500 g – waren wir gegen 15.00 Uhr am Wasser, legten die Geräte aus und warteten auf den ersten Biß. Als sich nach zwei Stunden immer noch nichts tat, obwohl wir die verschiedensten Köder und Methoden erprobt hatten, wurden wir langsam ungeduldig. So etwas hatte es hier noch nicht gegeben. Schließlich machte sich an der Schwingspitze doch noch ein Fisch bemerkbar. Es war ein Rotauge. Und plötzlich standen die Schwingspitzen überhaupt nicht mehr still. Innerhalb einer halben Stunde konnten wir etliche gute Rotaugen fangen und den Tag noch erfolgreich abschließen. Da wir in der darauffolgenden Zeit ähnliche Erlebnisse an mehreren Gewässern hatten und bei der Rückschau in Fangbüchern zurückliegender Jahre Zusammenhänge erkannten, wurde uns schließlich auch der Erfolg an vergangenen Angeltagen klar. Es herrschte allemal bedecktes oder regnerisches Wetter, wobei die

Rotaugen den ganzen Tag über gefangen werden konnten. Die Auswirkungen der Lichtintensität lagen damit klar auf der Hand. Deshalb ermitteln wir seither die Lichtstärke mit einem Belichtungsmesser und tragen sie ins Fangbuch ein.

Für das Rotaugenangeln haben sich unsere Erkenntnisse der vergangenen Jahre weiter voll bestätigt, und es besteht überhaupt kein Zweifel mehr, daß die Lichtintensität ein wichtiger Faktor für erfolgreiches Rotaugenfischen ist.

Bezogen auf andere Fischarten sind unsere Aufzeichnungen noch nicht vollständig genug, um zweifelsfreie Schlüsse ziehen zu können. Die Beobachtungen werden noch einige Zeit in Anspruch nehmen, und es wird über die Ergebnisse zu gegebener Zeit berichtet.

Den Luftdruck lesen wir an einem Barometer ab, das wir stets ans Wasser mitführen. Nach Möglichkeit sollte der Luftdruck auch an den vorangegangenen Tagen beobachtet und notiert worden sein. Wir hoffen, eines Tages durch Eintragungen und Vergleiche innerhalb der Gruppe Rückschlüsse auf das Verhalten der Fische in bezug auf den Luftdruck ziehen zu können.

Unter den Punkten Gerät und Köder machen wir Eintragungen über die verwendeten Spitzen (z. B. Schwingspitze, Zitterspitze), Futterkörbchen, Schwimmer, Schnur, Haken, Anfütterungsmethode und verwendete Köder.

Bemerkungen über einen Angeltag, ob er nun gut oder schlecht verlaufen ist, sind immer angebracht, auch wenn sie anfangs nicht so wichtig erscheinen. Sie können später um so wertvoller werden, wenn es um die Auswertung geht.

Rotaugen und Rotfedern

Rotaugen im Kanal

Wer den Kanal kennt und dort erfolgreich fischt, weiß sicherlich, wie schwer es ist, einen Fisch an den Haken zu bekommen, selbst wenn es sich „nur“ um Rotaugen handelt.

Rotaugen werden bei uns leider schlechthin als „die Weißen“ abqualifiziert und haben anglerisch vielfach einen niedrigen Rang. Ursache scheint wohl das massenhafte Vorkommen dieser Art und das dadurch bedingte Kleinbleiben zu sein. Wer sich aber eingehend mit dem Fang großer Rotaugen beschäftigt, wird schließlich feststellen, daß es sich hierbei nicht mehr um einen dummen Weißfisch handelt, sondern schon eine Menge anglerisches Können erfordert, um solche Exemplare auf die Schuppen zu legen.

Zu großen Rotaugen rechnen Fische mit mehr als 500 g Gewicht. Und ein halbes Kilo ist und bleibt ein halbes Kilo und nicht 475 oder 450 g. 50 bzw. 25 g sind schnell dazugetan, und der Fisch wiegt plötzlich ½ kg. Eine gute Waage mit Feineinstellung und Wiegenetz gehört einfach zum Angeln, ebenso das Meßband. Einfache Federzugwaagen, an denen der Fisch aufgehängt wird, sind fehl am Platz. Ihre Genauigkeit hält sich in Grenzen und zeigt nicht viel exakter als runde Kilowerte an.

Genaue Waagen sind aber nötig, um zuverlässige Werte zu erhalten. Dabei zeigt sich, daß vermutete 1-kg-Rotaugen doch nur 500 g schwer sind und zudem kürzer, als mit den Händen gezeigt. Dies sind Dinge, die wir tagtäglich immer wieder erleben und mit denen Leuten nur allzu leicht Sand in die Augen gestreut wird.

Wer aber regelmäßig große Rotaugen fängt, wird diesem Fisch garantiert mehr Achtung und Bedeutung zukommen lassen und ihn nicht als klein oder gar dumm bezeichnen.

Gerade große Rotaugen gibt es entgegen landläufiger Meinung in den Kanälen. Die größte Schwierigkeit bereitet in diesem gleichförmigen Gewässer jedoch das Auffinden der Fische. Kilometerlang bietet sich dem Angler das gleiche Bild. Häfen, Ausbuchtungen und Überführungen

Abb. 53. 750 g schweres Kanal-Rotauge.

jeglicher Art sind vielbesuchte Angelplätze, was aber noch keineswegs besagt, daß hier regelmäßig Fische gefangen werden. Zwar wird hier eine Menge Anfutter ins Wasser gebracht, doch wegen der ständig wechselnden Strömungsrichtung, bedingt durch die Schleusen und den unregelmäßigen Schiffsverkehr, wird das Anfutter sehr bald in alle Himmelsrichtungen verteilt, so daß der Angler nie so genau weiß, wo sich die Fische gerade aufhalten. Mit anderen Worten: Der Fischbestand verteilt sich mehr oder weniger über die gesamte Breite und Länge des Gewässers. Die vom Angler aufzusuchenden Stellen liegen vorwiegend etwas abseits der erwähnten vielbeangelten Plätze.

Grundsätzlich angeln wir im Kanal „von Grund", benutzen also Ruten zum Grundfischen. Als Bißanzeiger dienen entweder Quiver-Tip oder Schwingspitze. Welche der beiden Möglichkeiten in Frage kommt, ergibt sich aus der Situation. Bei wenig Strömung und geringem Schiffsverkehr sowie ruhigem Wetter kommt die Schwingspitze in Frage. Unter rauhen Bedingungen, wie etwa kräftigem Wind, starker Strömung und regelmäßigem Schiffsverkehr bringt ein Quiver-Tip zweifellos mehr Erfolg. Bei plötzlich auftretender starker Strömung wird eine Schwingspitze nämlich so weit ausgelastet, daß ein Biß in diesem Moment durch die Rutenspitze angezeigt wird. Die eigentliche Funktion der Schwingspitze ist damit unterlaufen. Anders dagegen ein Quiver-Tip. Hier kann zwischen verschiedenen Stärken gewählt und dadurch das Gerät besser den Wasserverhältnissen angepaßt werden. Sehr empfehlenswert sind dabei Ruten mit fest eingebautem Quiver. Bestens bewährt für dieses Angeln hat sich die von der Firma Marco Modern Arms and Co. gebaute Peter-Stone-Quiver-Tip, eine extrem leichte und feinnervige Rute, die für das Rotaugenangeln wie geschaffen ist. Ihr Quiver ist 50 cm lang, reagiert recht sensibel auf feine Bisse und paßt sich sehr gut den Strömungsverhältnissen im Kanal an.

Abb. 54. Rotaugenangeln am Kanal. Sehr gut ist die Randbefestigung des Kanals durch Spundwände.

Da in der Regel mit feinen Schnüren gefischt wird, sollte die Rute schon eine weiche, durchgehende Aktion besitzen. Damit läßt sich bei fein eingestellter Rollenbremse auch ein kräftiger Anschlag durchbringen, ohne daß es gleich Schnurbruch gibt.

In jedem Fall erfordern das Schwing- und Quiver-Tipangeln ein Höchstmaß an Konzentration und Reaktion. Bisse, die ganz deutlich angezeigt werden, sagen nichts anderes aus, als daß der eigentliche Biß schon eine Zeit zurückliegt! Wird der Köder unverdächtig angeboten, nimmt ihn der Fisch, wie schon erwähnt, vorsichtig auf und schwimmt nun in der Regel davon. Ein leichtes Zittern am Quiver- oder Schwingtip verrät das Aufnehmen. Neigt sich der Quiver leicht, oder zieht die Schwingspitze langsam vor, folgt der Anschlag. Das Ganze spielt sich in Bruchteilen von Sekunden ab, so daß also sehr genau aufgepaßt werden muß. Merkt der Fisch erst den Widerstand der härteren Rutenspitze,

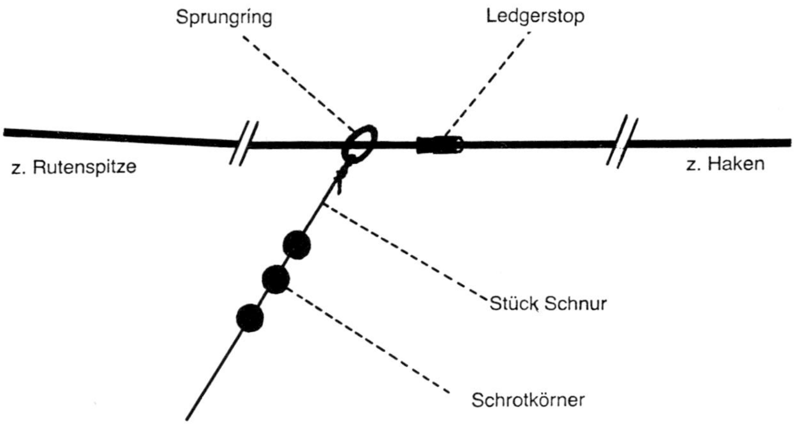

Abb. 55 (oben) und *56 (unten).* Zwei verschiedene Arten brauchbarer und einfacher Bebleiung.

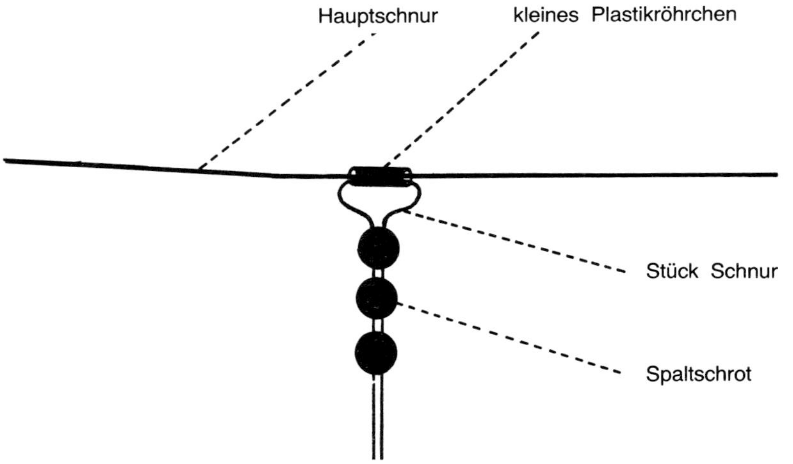

schießt er davon und spuckt den Köder aus. Zurück bleibt die Erinnerung an einen tollen Biß, weil der entsprechende Bißanzeiger deutlich ausgeschlagen hatte.

Nun die Beschreibung der Zusammenstellung des Gerätes im einzelnen: Als Rute dient eine Peter-Stone-Quiver-Tip mit fest eingebautem Quiver. Eine kleine Rolle mit 15er- (17,5er-)Schnur bildet hierzu eine gute Ergänzung. Der Haken wird direkt an die Hauptschnur gebunden. Die Hakengröße richtet sich nach der Größe des Köders und der Jahreszeit.

Größe 14–18 für Weizen, Hanf oder Maden, Größe 8–12 für Mistwürmer, Flocke, Brotkruste, Teig und Mais. Als Blei dient ein sogenannter gleitender Senker, der durch einen Ledger-Stop gehalten wird. Nachhaltige Information über die Bleianordnung geben die Abbildungen 55 und 56.

Die eigentliche Angelstelle liegt drei Meter vom Ufer entfernt, aber 10–15 m diagonal vom Angler aus gesehen. Warum wird gerade hier gefischt? Jeder Kanal hat eine Fahrrinne. Entweder angeln wir direkt in ihr oder am Rande. Wir jedenfalls fischen oft am Rand. Im Laufe der Zeit bildet sich in der genannten Entfernung von etwa drei Metern bei eingespundeten Kanalabschnitten eine kleine Kante. Hier beginnt die eigentliche Fahrrinne. An dieser Stelle wird angefüttert und der Köder plaziert. Der Tiefenunterschied ist hier sehr gering. Oft sind es nur 10 cm, manchmal auch 20 oder 30 cm, die die Kanalsohle im Uferbereich (3 m) höher liegt (siehe Abb. 57). Das erfordert genaues Ausloten der Wassertiefe. Die Entfernungen vom Ufer zur Kante, von der aus der Gewässerboden scharf abfällt, schwanken ebenfalls. Bei Steinschütten ist dieser Punkt, bedingt durch die Böschung, fast vorgegeben. Aber auch hier treten Abweichungen auf.

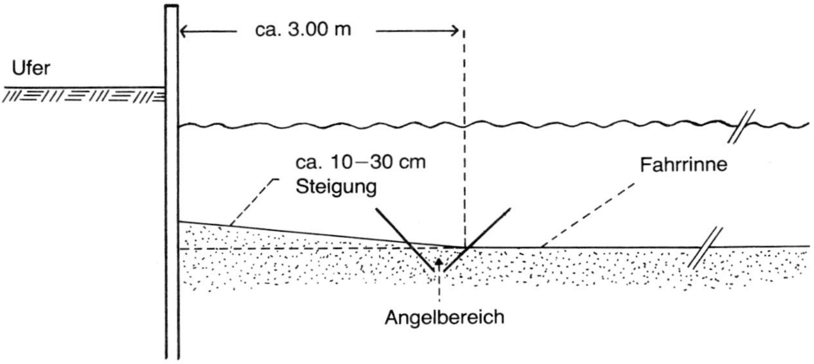

Abb. 57. An dieser Stelle im Kanal kommen Anfutter und dann der Köder.

Entlang dieser Kante treibt die Masse des Futters und des Anfutters. Das ist der Grund, hier zu angeln. Dennoch ist weiter draußen in der Fahrrinne ebenfalls etwas zu fangen. Angler fischen deshalb auch dort.

Ein weiteres Problem ist das Anfüttern. Wie anfangs erwähnt, wird das Anfutter ständig hin- und hergetrieben. Es reicht nicht aus, morgens, mittags und abends anzufüttern. Zwar mögen dennoch ein paar Fische

Abb. 58. Auch so sieht der Kanal aus. Hier wird es mit der Pose versucht.

zur Stelle sein und beißen, aber kontinuierliches Beißverhalten ist so nicht zu erreichen. Kleine, etwa tischtennisballgroße, nicht zu feste Anfutterbällchen bringen, in regelmäßigem Abstand eingeworfen, mehr Erfolg. Wesentlich bessere Ergebnisse lassen sich durch Angeln mit dem Futterröhrchen (Swimfeeder) erzielen. Es ermöglicht genaues, dosiertes Anfüttern in Hakennähe. Hierzu eignen sich Maden sehr gut. Das Anfüttern mit dem Baitdropper bringt im Kanal unumstritten die besten Erfolge. Mit diesem vielseitig verwendbaren Hilfsmittel erreicht jeder Köder garantiert zielsicher den Angelplatz. Eine genaue Anleitung über die Angelmethode ist in diesem Buch im Kapitel „Angeln mit Futterröhrchen oder Futterspirale“ nachzulesen.

Schließlich spielt das Wetter beim Kanalfischen eine wesentliche Rolle. Klares, sonniges Wetter ist für den Rotaugenfang ungünstig. Dieser Fisch ist sehr lichtempfindlich und reagiert an derartigen Tagen äußerst zurückhaltend. Ost- wie Nord- bis Nordostwinde sind erfahrungsgemäß an kalten Tagen ebenfalls ungünstig. Bedecktes, dazu stürmisches Wetter mit Regenschauern und Südwestwind ist dagegen geradezu ideal. An solchen Tagen wurden von uns, zumindest bis jetzt, immer gute Erfolge erzielt.

Rotaugen im Winter

Obwohl Rotaugen fast das ganze Jahr über erfolgreich zu befischen sind, hat sich unsere Gruppe dem intensiven Rotaugenangeln speziell in den Monaten November bis März gewidmet. Verschiedene Gründe sprechen für diese Einstellung. Sie hat sich am besten bewährt. 6–7 Friedfischarten gilt unser besonderes Interesse, und da möglichst mehrere Arten im Laufe eines Jahres befischt werden, bleibt nur eine bestimmte Auswahl. Die Einstellung setzt voraus, daß dem Angler die Lebensgewohnheiten und Hauptfreßzeiten, zumindest an den heimischen Gewässern, bestens bekannt sind. Nur jahrelanges Experimentieren kann zu ausreichendem Wissen führen. Dennoch gibt es immer wieder Schneidertage, und irgendwie ist das auch gut so. Wie eintönig und fade wäre doch das Angeln, wenn jede Berechnung in der Praxis auch immer aufginge.

Da für uns 12 Monate im Jahr Angelzeit ist und wir bestrebt sind, auch in den Wintermonaten erfolgreich zu fischen, gilt dann neben dem Döbel auch dem Rotauge unsere besondere Aufmerksamkeit. Den Rest des Jahres befassen wir uns „eigentlich“ überhaupt nicht weiter mit diesen beiden Arten. Um allgemein gültige Regeln, wenn es so etwas überhaupt gibt, über die Lebensgewohnheiten einer bestimmten Fischart zu finden, ist es erforderlich, sich über einen längeren Zeitraum, etwa ein ganzes Jahr, speziell mit dieser einen Art zu befassen. Nur so läßt sich ein Wissen erreichen, das dzu berechtigt, im nachhinein Aussagen eventuell schriftlicher Art zu machen. Nach vorheriger Absprache hatte sich unsere gesamte Gruppe 1982 dem Döbel gewidmet.

Doch zurück zum Winterangeln auf Rotaugen. Das langjährige Befischen dieser Art hat erkennen lassen, daß die Möglichkeit, kapitale Fische zu fangen, in den Wintermonaten am ehesten gegeben ist. Als kapital bezeichnen wir Rotaugen ab 500 g aufwärts. Für die Gewässer, die unserer Gruppe zum regelmäßigen Befischen zugänglich sind, gilt die so festgesetzte Gewichtsmarke als durchaus realistisch. Das Durchschnittsgewicht der Bestände liegt jedoch bei 150–200 g. Jeder wird nun erkennen, was es bedeutet, regelmäßig Rotaugen von ½ kg und mehr erbeuten zu wollen. Nun, wir wollen alle, wird der Leser sagen. Doch welcher Weg führt dahin? Wer das Buch bis hierher gelesen hat, wird sicherlich schon einige Wege erkannt haben.

Vieles, was auf andere Fischarten, Methoden und Gerätezusammenstellungen zutrifft, gilt auch fürs Rotaugenangeln. Ob Sommer oder Winter, die Grundzusammenstellung des Gerätes ist beim Schwingspitzen- oder Quiver-Tipangeln etwa gleich. Lediglich Hakengröße und

Schnurstärke müssen ein wenig feiner sein. Für den Haken kommen etwa Nr. 14–18 in Betracht, als Schnur 0,15er. Bei extrem kalter Witterung und schlechtem Beißverhalten ist ausnahmsweise auch mal ein Vorfach von 0,10–0,12 cm angebracht. Wie bekannt, fischen wir meist ohne Vorfach und stoppen das Blei oder Futterröhrchen mit dem Ledger Stop. Eine durchgehende 10er- oder 12er-Schnur erscheint doch als zu riskant, und außerdem ist ein Heruntergehen auf diese Stärken nur sehr selten erforderlich, so daß es nicht nötig erscheint, eine Extraspule mit so feiner Schnur mitzunehmen.

Das in den Wintermonaten zu befischende Gewässer muß mit Bedacht ausgewählt werden. Nicht jedes Gewässer, das in den wärmeren Monaten guten Sport auf große Rotaugen bietet, füllt uns unbedingt auch im Winter den Setzkescher. Aber auch ein gutes Winterrotaugengewässer, z. B. der Kanal, läßt keine Massenfänge zu. Das Ergebnis eines erfolgreichen Angeltages sind bei uns etwa 7–10 Rotaugen, allerdings von 300 g aufwärts, wobei auch 500-g-Fische des öfteren vertreten sind. Im Laufe einer dreimonatigen Rotaugensaison zählen wir im Schnitt 25–30 Rotaugen von ½ kg und mehr. Jeder erfahrene Angler hier im Ruhrgebiet weiß dieses Ergebnis zu würdigen.

Über Geräte, Methoden und Köder konnte sich der Leser bereits in den entsprechenden Kapiteln genauestens informieren. Um aber im Winter Erfolg zu haben, bedarf es noch einiger Kenntnisse mehr. Ausschlaggebend ist die innere Grundeinstellung, denn es kostet viel Überwindung, bei Minustemperaturen und eisigem Wind einen ganzen Tag am Gewässer auszuharren.

Steht der Angler am Ende gar als Schneider da, vielleicht sogar zum wiederholten Male, so ist das schon sehr deprimierend. Ein gutes Rezept, um bei mehrmaliger Erfolglosigkeit nicht den Mut zu verlieren, ist für uns ein zwischenzeitlich eingelegter Döbeltag an der Lippe. Weht der Wind auch noch so kräftig und lange aus Nord oder Ost, ein Schneidertag beim Döbelangeln im Winter ist hier so gut wie unbekannt. Der Anblick einiger 1000–1500-g-Döbel gibt uns wieder neuen Ansporn fürs Rotaugenfischen.

Ein Blick in die Fangbücher am Ende einer Rotaugensaison im Winter bereitet wahre Freude. Vergessen sind die Tage ohne Fänge, vergessen auch Kälte, Schnee, Regen und eisiger Wind. Alle etwa zwischenzeitlich aufgekommenen Zweifel über den Sinn und Zweck solcher intensiven Unternehmungen haben nun keine Bedeutung mehr. Ein Gesamterfolg, wie vorher bereits erwähnt, gibt unserer Einstellung im nachhinein unbedingt recht. Neben den kapitalen Fischen müssen natürlich auch die

Abb. 59. Kapitales Rotauge.

vielen Rotaugen Erwähnung finden, die nur knapp unter der von uns gesetzten Marke lagen, und selbstverständlich auch die große Masse der 200–400-g-Fische.

Am Anfang wurden bezüglich der Gerätezusammenstellung die Schwingspitze und die Zitterspitze erwähnt, und mancher Leser wird nun die Schwimmermontage vermissen. Selbstverständlich ist es auch möglich, mit dem fein ausgewogenen Posengerät im Winter Rotaugen zu fangen. Auf unsere Gewässer bezogen, und nur davon können wir ausgehen, hat sich aber das „Spitzenangeln“ als die erfolgreichste Methode erwiesen. Wir wollen ehrlich sein und eingestehen: Es ist auch die bequemere Methode, vorausgesetzt, man beherrscht sie wirklich.

Auch an der Weser mit ihrer im Winter oft harten Strömung, wo bestimmt 99 Prozent aller Angler dem Fischen mit der Pose den Vorzug geben, verwenden wir die Zitterspitze. Nicht eine lange und weiche Spitze, sondern eine mittlere Länge von etwa 20 cm und härterer Güte wird hier benötigt. Gerade im Winter, wo die Rotaugen oft sehr vorsichtig beißen, häufen sich am Posengerät die Fehlbisse. Bei rauher Witterung oder stärkerer Strömung kann der Angler wohl mit der Schnurstärke und Hakengröße heruntergehen, aber der Sensibilität des Schwimmers sind doch Grenzen gesetzt. 6–8 g Tragkraft sind an der Weser erforderlich, um einigermaßen zurechtzukommen, zumindest im Bereich der Mindener Interessengemeinschaft, die für den Gastangler etwa 60 km Flußlauf bereithält. Die Strecke reicht von der Porta Westfalica bis vor Nienburg und gilt als einer der besten Weserabschnitte. Allerdings erreicht der Fluß hier, wenn der Wasserstand nicht gerade extrem niedrig ist, hohe Fließgeschwindigkeit, und im Winter kennt die Weser kein Niedrigwasser. Die großen Rotaugen, und die gibt es hier ohne Frage, wollen aber erst einmal gefangen werden. Eine Quiver-Tip-Route mit ihrer enorm feinfühligen Spitze hat sich hier unter harten Bedingungen bestens bewährt. Die Zahl der gefangenen Fische ist gewiß geringer als beim Schleifenlassen mit der Posenangel, aber der festliegende oder gezupfte Köder bringt die weitaus größeren Rotaugen.

Schließlich hier noch einige Punkte, die wichtig erscheinen, um auch im Winter Erfolg zu haben. Sie betreffen die Kleidung.

Abb. 60. An besonders milden Wintertagen beißen die Rotaugen sehr gut. Der Brotkruste, dicht über dem Grund schwebend, konnte dieser schöne Fisch nicht wiederstehen.

Abb. 61. Ein gutes Winterrotauge wurde soeben gekeschert.

Wenn morgens vor der Haustür die Witterung noch als relativ milde erscheint, muß es am Wasser keineswegs so sein. Ein Reservepullover gehört ins Gepäck. Gutes und festes Schuhwerk ist unerläßlich und statt einiger Flaschen Bier ist eher eine Thermoskanne heißen, alkoholfreien Getränks zu empfehlen.

Rotaugen in Talsperren

Daß Talsperren und große Binnenseen oftmals einen gewaltigen Bestand an großen Rotaugen beherbergen, dürfte allgemein bekannt sein. Dennoch sind in diesen Gewässern die Rotaugen und ganz speziell die großen Rotaugen nicht so leicht zu finden. Der Neuling auf dem Sektor Talsperrenangeln fühlt sich wohl ziemlich ratlos, wenn er sich das erste Mal an ein solches Gewässer setzt. Vor ihm liegt eine weite Wasserfläche, die eine Menge Fische verheißt. Leider endet ein so begonnener Angeltag oft mit einem Mißerfolg, und es entsteht die Meinung, das Gewässer sei schlecht besetzt oder das Wetter für das magere Fangergebnis verantwortlich. Wer in Talsperren große Rotaugen fangen will, muß sich entsprechend der Jahreszeit nach geeigneten Standplätzen umsehen und auch mal einen Stellungswechsel in Kauf nehmen, wenn er an einen Schwarm kleiner Rotaugen geraten ist.

Die beste Zeit, um große Rotaugen gezielt zu fangen, beginnt in Talsperren im Oktober und endet mit dem Einsetzen der Laichzeit.

Es ist immer wieder erstaunlich, wie wenige Angler, abgesehen von den Raubfischfängern, zu dieser Zeit an den Talsperren anzutreffen sind. Der Grund: Viele Angler versuchen mit den in den wärmeren Monaten erfolgreichen Methoden weiterzuangeln. Sie machen sich nicht genügend Gedanken über die Lebensgewohnheiten der Rotaugen sowie über deren Verhalten bei sinkender Wassertemperatur. Das muß dann zu Erfolglosigkeit und künftigem Fernbleiben vom Wasser führen.

Mit einiger Überlegung bereitet das Entdecken der Rotaugen während der Saison keine besonderen Schwierigkeiten. Stirbt die Wasserfauna ab und sinkt die Wassertemperatur, zieht sich das Rotauge nach und nach in tiefere Wasserschichten zurück. Meist liegen die Standplätze der Schwärme, für die Posenangel unerreichbar, weit draußen im Gewässer. Um auch diese Fische erreichen zu können, greifen wir auf das Angeln mit der Schwingspitze, dem wohl feinnervigsten Bißanzeiger, zurück.

Das Schwingspitzenangeln bedarf einiger Erfahrung, bevor sich Erfolge einstellen. Es ist nicht damit getan, irgendeine Rute mit einer Schwingspitze zu versehen und sie dann als Wünschelrute zu betrachten. Wie kaum bei einer anderen Angelart kommt es auf die richtige Zusammenstellung der Geräte an, die schon in diesem Buch erörtert wurde.

Für das Schwingspitzenangeln in großen Talsperren ist eine 3,05-m-Rute ideal. Empfehlenswert die schon mehrfach erwähnte Richard Walker Avon 10' (3,05 m) sowie die von der Firma Bruce & Walker gebaute MK IV Avon 10' (3,05 m), die zwar etwas stärker als die erstgenannte Rute ist, sich aber beim Angeln in großer Entfernung ausgezeichnet bewährt hat und während des Drills eines Rotauges keineswegs überladen wirkt.

In Verbindung mit diesen Ruten verwenden wir kleine leichte Rollen, z. B. die Mitchell 308 oder die ABU Cardinal 33. Für diese Rolle wird jeweils eine Spule mit 0,15-mm- sowie eine mit 0,18-mm-Schnur mitgeführt. Es werden grundsätzlich keine Schnüre unter 0,15 mm Ø verwendet, weil bei dieser Methode, bedingt durch die weiten Entfernungen, ein kräftiger Anhieb gesetzt werden muß. Dünnere Schnüre sind den Kräften, die beim Anschlag entstehen, nicht gewachsen. Als Beschwerung wird vorzugsweise ein birnenförmiges Blei verwendet, das gewichtsmäßig den örtlichen Gegebenheiten angepaßt sein muß. Das Blei sollte aber mindestens so schwer gewählt werden, daß die Schwingspitze bei ausgeworfenem Köder in der 110-Grad-Position zur Rute stehenbleibt. Oft wird die Einhaltung dieses Winkels durch Strömung oder Drift erschwert. Abhilfe schafft hier die Verwendung einer Spitze mit stärkerem Gummi oder das Anbringen einer Bleidrahtwicklung kurz über dem unteren Ring der Schwingspitze.

Ganz wichtig ist die Auswahl des Angelplatzes, der in diesem Fall speziell für die Methode des Schwingspitzenangelns geeignet sein muß. Er sollte sich am besten in Höhe des Wasserspiegels befinden und das Auslegen der Rute in 90 ° zum Angelplatz ermöglichen. Die Sitzgelegenheit wird dabei so angeordnet, daß die Rute ohne große Mühe sofort zu erreichen ist und zügig angeschlagen werden kann.

Der Haken ist nicht zu klein und nicht zu dünndrahtig zu wählen, weil er sich durch den Anhieb aufbiegen kann oder im Fischmaul ausschlitzt und sich beim Drill löst.

Da beim Schwingspitzenangeln in Talsperren oft große Entfernungen überbrückt werden müssen, messen wir der Zubereitung des Anfutters besondere Bedeutung zu. Als Grundsubstanz dient Paniermehl, das mit einem geringen Anteil Speisestärke vermischt wird, welche die Eigenschaft besitzt, das Anfutter zu binden. Die Konsistenz des Anfutters muß weite Würfe bzw. das Hinausschießen mit dem Katapult ermöglichen. Genauere Würfe beim Anfüttern lassen sich durch die Verwendung eines

Abb. 62. Das MK II Feederpult richtig eingesetzt.

Katapults erreichen, dessen Handhabung allerdings nicht ganz einfach ist und eine gewisse Technik, Erfahrung sowie Übung mit diesem Gerät voraussetzt.

Aus der Vielzahl der angebotenen Katapulte haben sich u. a. das Ray-Mumford-Katapult sowie das von der Firma Peter Drennan hergestellte MK-II-Feederpult (Abb. 62) besonders bewährt.

Wer sich mit etwas Geduld in der Handhabung dieser Futterschleudern übt, kann damit Entfernungen von 50 m und mehr überbrücken und selbst bei dieser Entfernung noch gezielt anfüttern.

Gerade beim Rotaugenfischen ist genaues Anfüttern erforderlich. Futterballen, die ihr Ziel nicht erreichen oder bereits in der Luft zerplatzen, können eine Angelstelle total ruinieren. An der Angel gibt es dann nur den einen oder anderen Biß.

Beim Posenfischen bereitet das Anfüttern keine besonderen Probleme, da der Angler durch den Schwimmer einen Markierungspunkt hat und mit dem Futter den Angelplatz somit leicht treffen kann. Um auch beim Schwingspitzenangeln 40 und mehr Meter Entfernung zu erreichen, benutzt der Angler eine zusätzliche Rute, die mit großer Hechtpose und schwerem Blei versehen ist. Ausgeworfen wird über dem Anfutterplatz weit draußen im Gewässer als nun leicht erkennbarem Entfernungspunkt.

Die Montage des Gerätes für dieses Vorhaben ist denkbar einfach. Ein

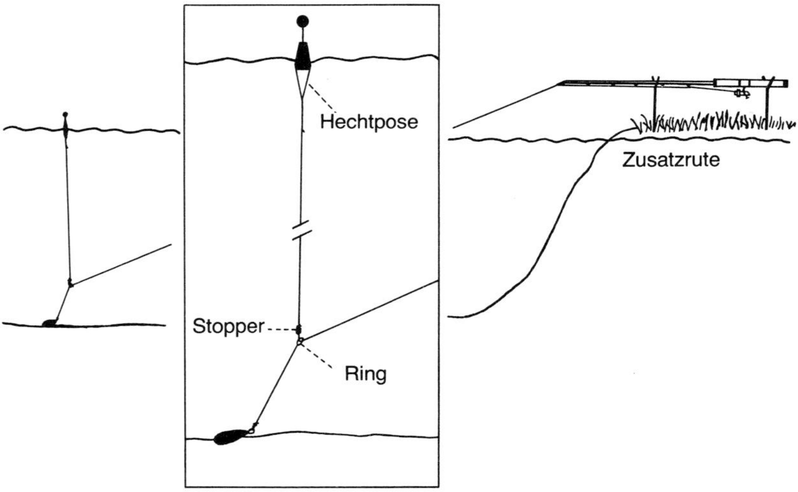

Abb. 63. Gerätemontage, die beim Anfüttern auf weite Entfernung einen Anhaltspunkt gibt.

Blei, das die Tragfähigkeit der Pose weit übersteigt, wird als Seitenblei angeordnet und die Pose unmittelbar am Ende der Schnur befestigt. Nach dem Auswerfen mit dieser Rute zieht das Blei den Schwimmer erstmal auf den Gewässerboden.

Durch Öffnen des Schnurfangbügels gibt der Angler nun Schnur. Der Schwimmer steigt zur Oberfläche auf. Jetzt schließt der Angler den Schnurfangbügel und strafft die Schnur, damit der Schwimmer, für das Auge gut sichtbar, senkrecht steht. (Abb. 63)

Jetzt beginnt das Anfüttern. Um die Fische an den Angelplatz zu locken, wird ein sogenannter Teppich ausgelegt, der aus vielen kleinen, etwa tischtennisballgroßen Futterklumpen besteht, die mit dem Katapult an die markierte Stelle geschossen werden.

Als Köder kommen Maden, Weißbrotpaste, Brotkruste oder Mistwürmer an den Haken. Auch bei Beachtung aller beschriebenen Punkte kann es zuweilen vorkommen, daß sich an der Schwingspitze Bisse nur zaghaft bemerkbar machen oder ganz ausbleiben. Dann greifen wir zu folgenden Methoden.

Erfolgt der Biß kurz nach Auftreffen des Bleis auf dem Gewässergrund und vollendet sich nicht so, daß man anschlagen kann, wird das Blei etwa 50 cm in Richtung Angelplatz gezogen. Die Rute bleibt dabei in der Grundstellung liegen. Eine Hand ist in Anschlagposition über dem Rutengriff, weil gerade beim Heranziehen des Bleis oft mit einem sofortigen Biß zu rechnen ist. Versagt auch diese Methode, sucht der Angler die Rotaugen über dem Grund. Bei Verwendung von Weißbrotkruste ist es möglich, durch Verändern des Abstandes vom Blei zum Haken, jede beliebige Höhe über dem Gewässerboden zu erreichen. Oft genügen 10 cm Höhenunterschied, um Bisse zu bekommen.

Rotfedern in Teichen, Seen und Flüssen

Leider zählt auch die Rotfeder, wie schon die Karausche, für viele Angler als Beuteobjekt zur zweiten Klasse. Die Gründe sind in beiden Fällen ähnlich gelagert. Mangelndes Wissen über Vorkommen, Verbreitungsgrad und geeignete Fangmethoden veranlassen manchen Angler, sich der Einfachheit halber erst gar nicht mit dieser Fischart anzufreunden.

Auch als Köderfisch wird die Rotfeder wenig geschätzt. Als wahrer Verwicklungskünstler bringt sie fast jeden Raubfischangler zur Verzweiflung, es sei denn, die Montage ist speziell auf diese Fischart ausgelegt.

Schon mehrfach mußten wir erfahren, daß die einwandfreie Artbestimmung von Rotfedern oft doch erhebliche Mühe bereitet. Eine Verwechslung mit dem Rotauge kommt recht häufig vor, obwohl verschiedene markante Unterschiede einen solchen Irrtum eigentlich ausschließen sollten. Als unfehlbares Merkmal darf wohl bei der Rotfeder die typische oberständige Maulstellung angesehen werden. Auf weitere Kennzeichen wollen wir an dieser Stelle nicht eingehen. Der Markt bietet reichlich Lektüre, mit deren Hilfe sich der Interessent genauen Einblick in die Artenbestimmung verschaffen kann.

Durch das oberständige Maul der Rotfeder ist ihr Hauptlebensraum schon festgelegt. Das Aufnehmen der Nahrung spielt sich fast ausschließlich im Mittelbereich bis hin zur Oberfläche des jeweiligen Gewässers ab. Die Rotfeder ist deshalb als typischer Oberwasserbewohner anzusehen und einzustufen. Aber gerade diese Tatsache macht es vielen Anglern schwer, die Rotfeder erfolgreich zu befischen. Vornehmlich die gewichtigen Exemplare, und darauf haben wir es ja abgesehen, stellen wegen ihrer Scheu und Vorsicht manchen Petrijünger vor scheinbar unlösbare Probleme.

Unsere erste Bekanntschaft mit größeren Rotfedern machten wir am Kellersee in Schleswig-Holstein. Eigentlich war beabsichtigt, den großen Barschen, die überall und in Mengen im Bereich der dortigen Seenplatte anzutreffen sind, auf die Kammschuppen zu rücken. Zum Auffinden der Barsche gibt es zwei Möglichkeiten. Entweder sind dem Angler die sogenannten Barschberge bekannt, die fast immer Erfolg versprechen. Oder er muß sein Augenmerk auf das Verhalten großer Möwenschwärme richten, die über dem Wasser kreisen, um plötzlich niederzustoßen und gemeinsam mit Barschen Jagd auf Kleinfische zu machen. In jedem Fall benötigt der Sportfischer einen schwimmenden Untersatz – bei uns war es seinerzeit ein stabiles Schlauchboot – und, was das Rudern zu den Möwenansammlungen betrifft, Flexibilität und kräftige Armmuskeln.

Als Bernd und ich an besagtem Urlaubstag gegen 6 Uhr früh die Köpfe aus dem Zelt steckten, waren die Möwen bereits gesättigt, und das Wiederauffinden unseres Barschberges schien wegen schlechter Sicht, es war sehr diesig, auch nicht möglich. Also verzichteten wir auf Barsche, packten die Rotaugenausrüstung ins Boot und ruderten die etwa 200 m bis zum gegenüberliegenden Schilfgürtel, wo schon mehrfach kräftige Rotaugen gelandet werden konnten. Aber auch sie schienen schon ihr Frühstück hinter sich zu haben. Mittlerweile stand die Sonne recht hoch, also ungünstig für den Rotaugenfang. Ein schneller Entschluß brachte uns, völlig abgekämpft und „ausgelaugt“ vom Rudern gegen den Wind, in etwa einer Stunde an die 2 km entfernte andere Seite des Sees, wo der Mündungsbereich eines Zuflusses bessere Erfolge versprach.

Kurz vor dem Ziel vernahmen wir plötzlich im Uferbereich vor dem Schilf das Schlagen und Wälzen eines Fischschwarmes und erkannten sofort, daß es sich um Rotfedern handelte. Ohne weitere Ruderschläge lief das Boot lautlos ins Schilfgelege. Es mußte doch möglich sein, einige dieser Fische zu überlisten. Aber wie?

An Erfahrung auf diesem Gebiet fehlte es zwar, aber auch schon damals, als der Name „Specimen Hunting“ nicht einmal in unserer Phantasie existierte, hatten wir keine Scheu vor Experimenten. Eine englische Steckrute, damals noch die absolute Ausnahme, gehörte schon zu unserer Ausrüstung.

Zum Schwarm hin, der uns offensichtlich noch nicht bemerkt hatte, waren etwa 10 m zu überbrücken. Mit 20er-Schnur und einer etwa 3 g tragenden Pose war dies kein Problem. Die Tiefeneinstellung betrug 30 cm. Der 12er-Haken wurde mit einem Teigkügelchen bestückt. Gleich der erste Wurf, mitten im Schwarm gelandet, brachte jedem eine stark kämpfende Rotfeder von etwa 400 g in den Setzkescher.

Wir waren beide sprachlos. Solche Rotfedern hatten wir bis dahin noch nicht gesehen, geschweige denn gefangen. Ein paar Minuten später das gleiche Spiel. Nun packte uns das Jagdfieber. Jetzt wollten wir es wissen. Die Gelegenheit mußte genutzt werden. Der Schwarm wurde unruhig und entfernte sich langsam. Nur mit Mühe konnte die Distanz von nun etwa 20 m noch überbrückt werden, aber die Fische bissen noch. Nach dem letzten Drill waren wir gezwungen, dem Schwarm zu folgen: Die Entfernung war zu groß. Geräuschlos wurde das Boot gelöst und, nur mit einem Ruder vorangetrieben, ganz sachte etwa 10 m vorverlegt. Die Fische waren noch da. Dennoch ließen die Bisse merklich nach, und bald nahmen wir die Verfolgung erneut auf. Die Zeitabstände zwischen den Fängen wurden immer größer, und dann plötzlich, war der Schwarm verschwunden, so, als wäre er nie dagewesen.

Jetzt erst hatten wir Zeit, tief Luft zu holen. Ungläubig hoben wir den Setzkescher aus dem Wasser. Der Anblick versetzte uns in Staunen. Die Stückzahl weiß ich heute nicht mehr genau, aber es war schon eine ganze Menge. Kein Fisch wog weniger als 250 g und viele lagen bei 500 g. Nie wieder in der Folgezeit hatte jemand von uns Gelegenheit, unter ähnlichen Umständen Rotfedern zu überlisten. Meistens erwies sich ihr Fang als weniger aufregend, was aber sicherlich auch mit der Art der zu beangelnden Gewässer zusammenhing.

In der Regel kann auf ein Boot verzichtet werden. Die Rotfeder ist nicht ausschließlich Oberflächenbewohner. Sie meidet auch das offene Wasser größerer Seen oder Flüsse. Der Uferbereich, möglichst dicht mit Schilf und Seerosen bestanden, ist die Heimat der Rotfeder, und hier ist sie, bei Beachtung einiger Vorsichtsmaßnahmen, sicherlich auch zu finden.

Eine längere Rute, wie etwa die 14 ft. (4,25 m) Matchmaker von Hardy, leistet jetzt gute Dienste. Oft muß eine größere Entfernung mit möglichst leichter Montage überbrückt oder ein gehakter Fisch über, manchmal sogar durch Wasserpflanzen geführt werden. Bei der Kampfkraft größerer Rotfedern ist das durchaus schwierig. Hier muß unbedingt eine lange Rute mit kräftigem Rückgrat, aber dennoch sensibler Spitze benutzt werden.

Bei größeren Gewässern oder solchen, die dem Angler noch nicht so vertraut sind, ist es manchmal schwierig, die Rotfedern zu finden. Ohne Anfüttern besteht die Gefahr, evtl. als Schneider nach Hause zu gehen. Festes Futter, vielleicht noch zu Ballen geknetet, ist für dieses Vorhaben schlecht geeignet. Besser und erfolgreicher kommen wir mit ganz normalem Weißbrot oder einem Brötchen zurecht, das nur leicht angefeuchtet wird. Sollten Rotfedern in der Nähe sein, und hat sich der Angler nicht verdächtig gemacht, wird es nicht lange dauern, bis sie das Angebot dankend annehmen.

In kleineren Seen oder Teichen gehört die Rotfeder oft zu den dominierenden Fischarten neben Karpfen und Schleien. Hier sind sie über das ganze Gewässer verteilt anzutreffen. In den meisten Fällen kommt der Angler jetzt ohne größere Anfutterkampagnen zurecht. Ein geübtes Auge findet die Rotfeder auch so.

Als äußerst interessante Methode gilt das Angeln ohne jegliche Beschwerung, das heißt, das Gerät besteht nur aus Rute, Rolle, Schnur und Haken. Das Tippfischen, so bezeichnet man diese Angelart, erfordert noch mehr Konzentration und Ruhe als jede andere. Ein frisches Weißbrot, kleine Rotwürmer oder auch Maden gelten als gute und fängige Köder. Ein Stück Brotflocke, z. B. an 25er-Schnur und 8 – 10er-Goldhaken befestigt, wird sachte, aus guter Deckung heraus, mitten zwischen Seerosen oder in eine kleine Lücke anderer Wasserpflanzen aufs Wasser gesetzt. Es ist schon ein toller Augenblick, wenn plötzlich wie aus dem Nichts ein Fischmaul, nichts Böses ahnend, saugend die Flocke einschlürft. Nicht selten verirrt sich bei Anwendung dieser Methode ein Karpfen oder eine Schleie an den Köder. Mit ein wenig Glück besteht zudem die Chance, auch in diesem Falle Sieger zu bleiben. Die eben erwähnte 0,25er-Schnur erschien vielleicht auf den ersten Blick als ein wenig zu stark, aber der Grund ihrer Verwendung liegt ja nun auf der Hand.

Auch viele Flüsse beherbergen Rotfedern, oft sogar mit kapitalen Größen. Die Methoden ihrer Befischung sind in den meisten Fällen denen in stehenden Gewässern gleich. Es kann allerdings vorkommen, wie z. B. an der Lippe, daß die Rotfeder ganz gegen ihre sonstige Gewohnheit nicht im Oberwasser, sondern auf dem Boden oder in dessen Nähe zu finden ist. Sie in diesem Falle speziell zu beangeln, erweist sich als sehr schwierig. Rotaugen, Brassen und Güstern werden immer zur Stelle sein, wenn es gilt, Rotfedern zu fangen. Dieses Übel ist aber sicherlich das geringere, haben wir doch jederzeit die Chance, eine kapitale Rotfeder zu erwischen.

Rotaugen in Seen

Große Binnenseen, wie etwa die Gewässer in der Holsteinischen Schweiz, beherbergen in der Regel einen ungeahnt großen Bestand an kapitalen Rotaugen. Mitglieder unserer Gruppe konnten z. B. am Kellersee zehn und mehr kapitale Fische an einem Morgen fangen.

Abb. 64. Brotflocke, leicht an den Haken gedrückt, wurde diesen stattlichen Rotaugen zum Verhängnis.

Das Erbeuten selbst größerer Exemplare bereitet keine besonderen Schwierigkeiten, vorausgesetzt, es ist bekannt, wo sich die Fische aufhalten. Um an einem Gewässer dieser Größe Erfolg zu haben, ist die Benutzung eines Bootes unerläßlich, sei es, um exakt auszuloten oder die Fische an bestimmten Plätzen erreichen zu können. Wo die Fische im Winter zu suchen sind, wurde bereits im Kapitel Talsperrenangeln beschrieben. Die dortigen Erfahrungen können auch auf diese Gewässer übertragen werden. Anders sieht es dagegen in den Sommermonaten aus. Die Fische sind jetzt in verschilften Buchten oder in der Nähe von Bodenerhebungen und Kanten am Gewässergrund zu finden. Diese Stellen auszuloten, ist von ausschlaggebender Bedeutung für den Fangerfolg und sollte mit aller Sorgfalt durchgeführt werden. Bei trockenem Wetter versprechen während der Morgen- und Abendstunden Schilfgelege den größten Erfolg. Regnet es, halten sich die Fische in Grundnähe auf, und zwar an den Stellen, wo durch Ausloten Bodenunebenheiten oder Kanten festzustellen sind.

Wie die Rotaugen beißen, ist von Gewässer zu Gewässer recht verschieden. In den meisten Seen wird eine langsam sinkende Weißbrotflocke von diesen Fischen gern angenommen. Wichtig ist hier, um in jeder Absinkphase des Köders einen eventuellen Biß erkennen zu können, die Verwendung eines geeigneten Posentyps sowie die entsprechende Anordnung der Bleie.

Wir verwenden für dieses Fischen u. a. den Peacock-Waggler 3½ AAA von Peter Drennan (Abb. 65). Stehen die Rotaugen dagegen auf oder dicht über dem Gewässergrund, kommt eine Pose mit untenliegendem Schwimmkörper in Frage wie sie Abbildung 66 zeigt.

Besonders bei starker Drift bringt dieser Posentyp wesentlich bessere Fangergebnisse als andere Schwimmer, vorausgesetzt, der Angler hält sich an die beschriebene Ausbleiung. Als Köder dienen Weißbrotflocke, Weißbrotpaste, Mist- und Tauwürmer. Wer es auf die ganz großen Rotaugen abgesehen hat, sollte auch bei diesen Angelarten viel Geduld mitbringen, denn es ist klar, daß auf einen Tauwurm oder Tauwurmschwanz ein Rotauge selten so schnell zufassen wird wie dies bei Maden der Fall ist.

Gerade in den Sommermonaten werden von großen Rotaugen Köder angegangen, über deren Verwendung mancher Sportfreund nur mitleidig lächeln würde. Doch wir können versichern, daß wir viele große Sommerrotaugen an 8er-Haken und haselnußgroßen Pastekugeln gefangen haben. Natürlich ist für Großfische oberhalb der ½-kg-Marke auch eine andere Anfütterungstaktik angebracht, als wenn es auf Durch-

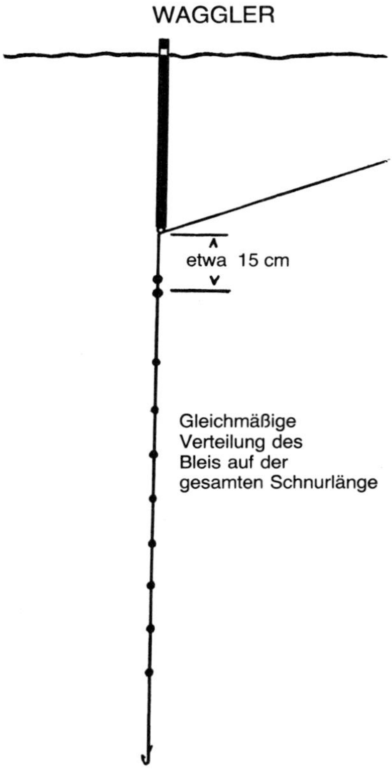

Abb. 65. Waggler.

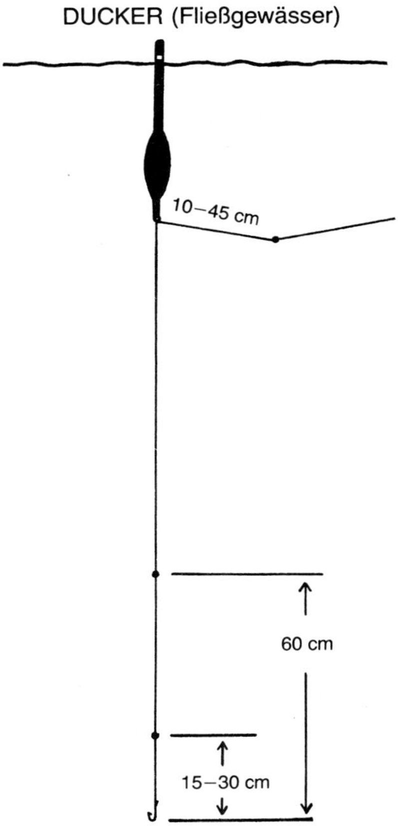

Abb. 66. Ducker (Fließgewässer).

schnittsrotaugen geht. Während normalerweise nach dem Prinzip „wenig, aber oft“ angefüttert wird, muß hier mit Vorfüttern und Gewöhnung der Fische an den Köder, mit dem geangelt werden soll, schon Tage vor dem eigentlichen Fangen begonnen werden.

Da mit dem Boot jede beliebige Stelle des Sees zu erreichen ist, wird zunächst ein unauffälliger Markierungspunkt gesucht und hier ein alter Korken, durch den eine Schnur gezogen wurde, am Grund etwa mit einem Stein verankert. Jetzt läßt sich genauestens anfüttern und nach Eingewöhnen der Fische erfolgreich angeln.

Am eigentlichen Angeltag wird überhaupt nicht angefüttert, sondern sofort gefischt, nachdem das Boot in gebührender Entfernung an zwei vorsichtig herabgelassenen Ankern festgelegt wurde. Eine etwa in der Nähe des Angelplatzes stehende Schilfwand bietet noch bessere, da geräuschlosere, Befestigungsmöglichkeit für das Boot. Jetzt kann es sogar ein paar Meter weit vom Angelplatz entfernt liegen, da die Fische so weniger beunruhigt werden. Um auf diese vergrößerte Entfernung den Angelplatz noch zielsicher zu erreichen, muß das Gerät entsprechend abgestimmt sein. Maximale Schnurstärke ist 0,20er, die allerdings nur in Ausnahmefällen, z. B. beim Angeln in der Nähe von Seerosen oder anderen Hindernissen, Verwendung findet. Zum Angeln auf größere Entfernungen, besonders in Freiwasserzonen, wird 0,15er-Schnurstärke selten überschritten.

Abb. 67. Solche großen Plötzen waren die Belohnung für tagelanges Anfüttern.

Die ideale Rutenlänge liegt zwischen 3,60 m und 4,00 m, wobei wir den kürzeren Ruten den Vorzug geben, da Handlichkeit beim Bootsangeln mancherlei Vorteile bietet. 3,65-m-Ruten, die sich bei Verwendung der beschriebenen Gerätemontagen bestens bewährt haben, sind u. a. die von Bruce & Walker gebauten CTM 12', die von der Eastanglian hergestellte Black Shadow 12' oder die von der Firma Hardy entwickelte Matchmaker 12'.

Selbstbau spezieller Ruten und von Zubehör

Geräte- und Zubehörkästen

Wer in einem Angelgeräteladen nach Zubehörkästen sucht, findet fast ausnahmslos nicht ganz billige Plastikkästen. Davon erweisen sich nur wenige Modelle als für unsere Zwecke geeignet. Wir bauen uns deshalb gern einen speziellen Gerätekasten selbst. Holz ist das geeignete Material. In einem durchdachten und solide gebauten Holzkasten kann auf engstem Raum und bei geringen Abmessungen eine Menge Zubehör übersichtlich und sauber untergebracht werden. Da unmöglich das gesamte Zubehör in einem Kasten Platz hat, benutzen wir vier Kästen, was aber noch lange nicht bedeutet, daß wir auch alle vier ständig mitführen. Jeder Kasten hat sein spezielles Einsatzgebiet und enthält lediglich das dafür benötigte Zubehör.

Ein Kasten ist nur für Schwimmer gedacht, ein weiterer für Schwing- und Zitterspitzen sowie längere Posen, den dritten benutzen wir für das Karpfen- und Döbelangeln und einen vierten für das Angeln auf Brassen, Schleie und Rotauge. Mehr als zwei Kästen brauchen wir für einen Angeltag selten. Auffällig sind die der Reihenfolge nach vermerkten Abmessungen der einzelnen Kästen nach Länge × Breite × Höhe. Kiste 1: 33 × 23 × 4,5 cm; Kiste 2: 33 × 10 × 4cm; Kiste 3: 24 × 12 × 6 cm; Kiste 4: 31 × 24 × 6 cm. Für eine Kiste geben wir nachfolgend eine Anleitung zum Selbstbau und beschreiben, was wir darin mitführen, wobei aber gesagt sei, daß die Aufteilung von Fall zu Fall auch anders gestaltet werden kann.

Material für eine Kiste fürs Brassen-, Schleien- und Rotaugenfischen: 2 Holzleisten (L × B × H) 31 × 4 × 1 cm, 2 à 22 × 4 × 1 cm, 2 à 31 × 2 × 1 cm, 2 à 22 × 2 × 1 cm. Boden und Deckel bestehen aus 2 mm wasserfestem Sperrholz mit den Abmessungen 31 × 24 cm. Ferner: Messingnägel 7 mm lang, 2 kleine Messingscharniere sowie 2 kleine Schatullenverschlüsse, ebenfalls aus Messing. Dazu Holzleim. Das Material wird meist günstig in einer Bastlerzentrale gekauft, das Holz bereitwillig gleich dort auf Maß geschnitten. Materialkosten etwa 15,– bis 20,– DM. Werkzeug: Kleiner

Hammer (100 g), Bleistift, Ort (Pfriem oder Ahle), Zollstock, 2 kleine Schraubzwingen, Schraubenzieher sowie Schleifpapier zum Nacharbeiten und Schleifen der Kanten. Weiteres Material ist in dem folgenden Arbeitsablauf benannt:

Als erstes benageln wir mit den Messingnägeln die Deckel- und Bodenplatte 0,5 cm vom Rand her im Abstand von 4 cm ringsherum, so

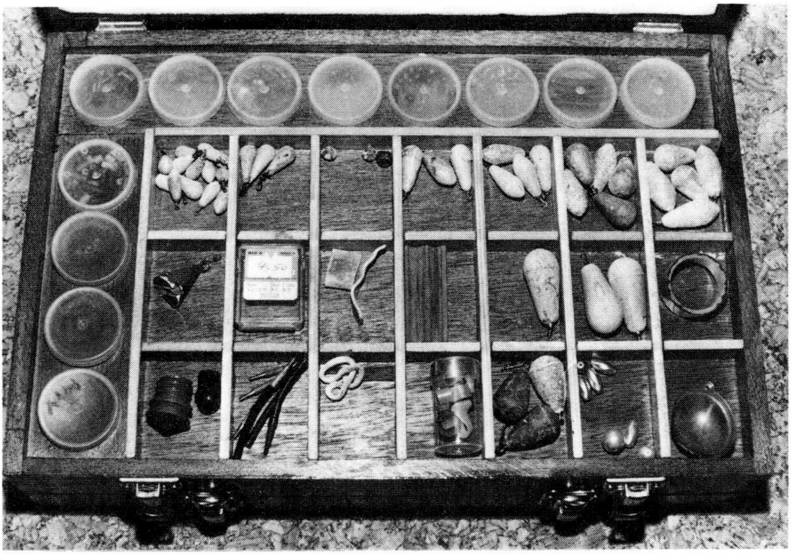

Abb. 68. Diese von uns konstruierte und gebaute Zubehörkiste mit ihrer für unsere Belange sinnvollen Einteilung bietet im unteren Deckelteil Aufbewahrungsmöglichkeit für ca. 30 Posen, aber auch Schwing- und Zitterspitzen finden hier Platz.

daß die Nagelspitzen gerade von unten zu sehen sind. Nun bestreichen wir die passenden Leisten für die jeweilige Platte mit Holzleim, halten sie entsprechend der Kantenlänge genau an und nageln durch. Die Ecken müssen sehr sorgfältig verleimt werden, damit sie nicht ausbrechen. Als Sicherung benutzen wir zusätzlich einen kleinen Nagel, den wir, von der Platte aus gesehen, im oberen Drittel einschlagen. Als nächstes legen wir Ober- und Unterteil genau aufeinander und halten sie mit Hilfe der beiden kleinen Schraubzwingen fest zusammen. Nun wird die Stelle bestimmt, an der die Scharniere sitzen sollen, der Abstand genau gemessen, das Scharnier angehalten und mit einem fein angespitzten Bleistift die Lage der Schrauben markiert. Mit dem feinen Ort stechen wir die Löcher für die Schrauben vor, legen die Scharniere wieder auf und befestigen sie mit den Schrauben endgültig. Die Verschlüsse bringen wir, den Scharnieren gegenüberliegend, in gleichem Arbeitsablauf wie gerade beschrieben an. Schraubzwingen lösen und prüfen, ob die Kiste einwandfrei zu öffnen und zu schließen ist. Mit dem feinen Schleifpapier die scharfen Kanten brechen und die Unebenheiten begleichen. Wer einen Schwingschleifer besitzt, hat es bei dieser Arbeit leichter. Die Kiste mit einem Pinsel vom feinen Schleifstaub säubern und als Vorbehandlung für den abschließenden Klarlack-Schutzanstrich mit Einlaß (Vorstreichflüssigkeit) tränken. Zwischen Vorbehandlung und Hauptanstrich muß mindestens ein Tag liegen. Die leere Kiste wiegt etwa 200 g. Die Inneneinrichtung der Kiste bleibt jedem selbst überlassen. Ein Beispiel ist auf dem Foto ersichtlich (Abb. 69).

Viel Zubehör ist unterzubringen. Zur Einteilung dienen Sperrholzleisten mit einer Kantenlänge von 3 cm, womit sich kleine und größere Fächer nach Belieben herstellen lassen. Damit der Inhalt beim Transport nicht durcheinandergerät, wird zwischen Ober- und Unterteil eine 2 cm dicke Schaumstoffeinlage eingepaßt, die sich beim Schließen der Kiste auf etwa 0,5 cm zusammenpreßt. Jetzt kann nichts aus den Fächern fliegen und die im Oberteil untergebrachten Schwimmer beschädigen, die durch zwei 2 cm breite Schaumgummistreifen sicher gehalten werden.

Nachfolgend eine Aufzählung, was wir in solch einer Kiste unterbringen: Haken 2 – 18, einzeln nach Größe in je ein Fach sortiert, Bleigewichte von 4, 7, 10, 15, 20 und 25 g, Wirbel, 2 Größen Ledger-Stops,

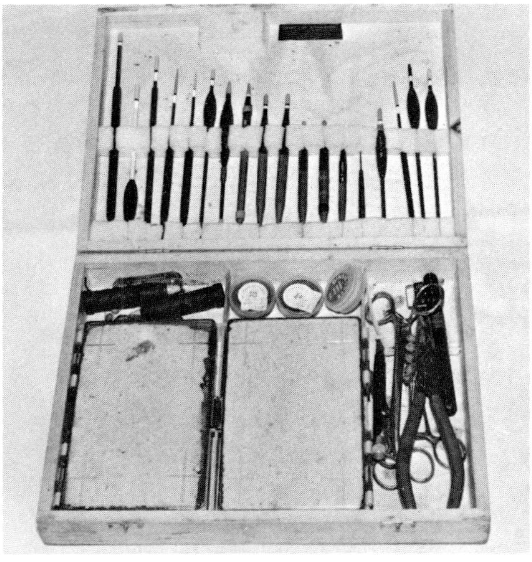

Abb. 69. Selbstgefertigte Zubehörkisten bieten reichlich Platz für Haken, Bleie, Wirbel, etc.

Springringe, Laufposenbefestigungen, Perlen, Schwimmerbefestigungen, Hakenlöser, 2 Arterienklemmen, Zange, verschiedene Swimfeeder, Ködernadeln, Hakenschleifstein, Leuchtflüssigkeit für Glimmis, drei Sorten Posenblei und etwa 10 Schwimmersorten, davon jeweils zwei Exemplare. Die komplett gefüllte Kiste wiegt etwa 2,5 kg.

Alle Gegenstände sind übersichtlich und sauber in Fächer eingeordnet. Wenn wir jetzt noch die Kiste mit den Schwingspitzen und anderen Bißanzeigern mitnehmen, haben wir immer noch genügend Platz in der Sitzkiepe für anderes Zubehör.

Entkrautungsgeräte

Vermutlich sind Herstellung und Vertrieb eines solchen Gerätes für die Hersteller von Angelgeräten und Zubehör nicht lukrativ genug. Wie sonst läßt es sich erklären, daß ein so sinnvolles und wichtiges Utensil einfach nicht käuflich zu erwerben ist.

Es bleibt also nichts anderes übrig, als selbst ein Entkrautungsgerät zu konstruieren, es sei denn, wir wollen auf all die fetten Schleien in den verkrauteten, zumeist kleineren Gewässern verzichten. Man braucht zwar nicht gleich ein handwerkliches Genie zu sein, aber ein „beidseitiger Linkshänder" sollte doch besser seine Beziehungen im Bekanntenkreis spielen lassen. Mit ein wenig Phantasie und Geschick lassen sich ohne

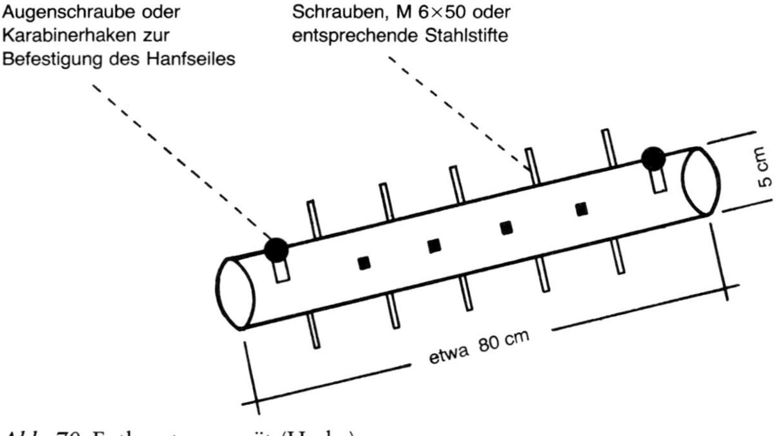

Abb. 70. Entkrautungsgerät (Harke).

weiteres verschiedene Modelle herstellen. Ein Entkrautungsgerät ist zwar fürs Wasser gedacht, muß jedoch die längste Zeit sein Dasein in irgendeinem Schuppen oder Keller fristen. Es kommt also ausschließlich auf Zweckmäßigkeit und auf Handlichkeit an. Ein niedliches und schön anzuschauendes Schmuckstück nutzt in der Praxis nichts.

Ein Entkrautungsgerät wird entweder vom Boot oder von Land aus benutzt. Jeder weiß, daß sämtliche in Frage kommenden Gewässer mit Verkrautungserscheinungen nur vom Ufer aus beangelbar sind. Darauf muß sich der Hersteller einstellen. Wir benutzten das in der Skizze (Abb. 70) gezeigte Gerät.

Sind neben einem Schweißgerät auch noch Hammer, Feile und anderes Werkzeug vorhanden, nimmt die Herstellung nicht mehr als etwa eine halbe Stunde in Anspruch. Ein wenig Rostschutz und ein anschließender Grünanstrich verleihen dem Gerät schließlich jahrelange Lebens- und Gebrauchsdauer.

Etwa ab Mitte Mai, wenn das Bodenkraut zu wuchern beginnt, setzt normalerweise auch die Schleienfangzeit ein. Speziell diese Fischart beangeln wir unter anderem in einem Altarm und einer Schloßgräfte, beides Gewässer die überaus stark verkrauten. Bei einer Gewässerbegehung legen wir die späteren Angelplätze fest und beginnen gemeinschaftlich an diesen Stellen vorsichtig zu entkrauten. Wir nehmen bei einer solchen Entkrautungsaktion keinen „Kahlschlag“ vor. Wasserpflanzen wie gelbe und weiße Seerosen, Rohr und Schilf werden dabei nicht herausgerissen, sondern nur Algen oder stark wucherndes Kraut, das oftmals das Angeln kaum oder überhaupt nicht zuläßt.

Soll über längere Zeit dasselbe Gewässer beangelt werden, ist es von Vorteil, gleich zwei oder gar drei Stellen zu präparieren. So besteht die Möglichkeit, nach einer gewissen Zeit dem ersten Platz eine Erholungspause zu gönnen. Bei Verwendung der Krautharke sollte systematisch vorgegangen werden. Eine Bahn von etwa 3–5 m Breite reicht vollkommen aus. Bei Gewässern von geringer Breite und mit Seerosenbewuchs im Uferbereich gehen wir folgendermaßen vor: Die Krautharke wird mit zwei genügend langen Seilen versehen. Ein Mann, möglichst mit Watstiefeln, läßt das Gerät am äußeren Rand der Seerosen ins Wasser, und vom gegenüberliegenden Ufer wird es nun langsam herangezogen. Dieser Vorgang muß so lange wiederholt werden, bis die entsprechende Fläche krautfrei ist. Nun kann vom gegenüberliegenden Ufer aus direkt vor den Seerosen gefischt werden. Wir beachten beim Entkrauten, daß weiße Seerosen geschützt sind.

Gießen spezieller Bleie

Wir verwenden, wie inzwischen bekannt, hauptsächlich die Arlesy-Bombe. Es handelt sich um das sogenannte Birnenblei, das oft fälschlich auch als Schwingspitzenblei bezeichnet wird.

Was ist an diesem Blei nun so bemerkenswert? Es hat eine auffallende Form. Beim Auswerfen, ganz speziell beim Angeln auf weite Entfernung, kommt dem Angler die Stromlinienform des Bleies sehr zugute. Das Hauptgewicht liegt vorn, während sich das Blei zum Ende hin verjüngt, wo ein Wirbel eingegossen ist, der das Verdrallen der Schnur beim Auslaufen von der Rolle ausgleichen soll.

Diese Bleiform wurde ursprünglich von Richard Walker zum Barschangeln mit der Feinspürangel erfunden und von ihm nach dem Arlesy-See (England) benannt, von dem er aus von 1950 bis 1952 mit seinen Angelfreunden das „Barschgeschehen" auf den Britischen Inseln diktierte.

Mit genau abgestimmtem Gerät, z. B. einer Arlesy-Bombe von 7,9 g, einer gut mit 0,15er-Schnur bespulten Rolle und der ebenfalls von Dick Walker konstruierten Rute Richard Walker-Avon (Hardy), lassen sich Entfernungen von 30 bis 40 m bequem überbrücken.

Abb. 71. Dieses selbstgegossene Blei kommt der Arlesy-Bleibombe schon sehr nahe. Eine Originalform ist bisher leider noch nicht erhältlich.

Da wir oft in Talsperren oder größeren Seen auf Rotaugen angeln, benutzen wir gerade diese Gerätezusammenstellung in Verbindung mit der Schwingspitze als Bißanzeiger, um die meist weit draußen stehenden Rotaugenschwärme zu erreichen. Mancher mag sagen, da wird das Blei ja doch mit der Schwingspitze in Verbindung gebracht! Aber ein richtiges Schwingspitzenblei ist es eben nicht. Es handelt sich hier lediglich darum, daß mit dieser Bleiform enorme Distanzen überbrückt werden können, und das ist im Winter gerade beim Rotaugenangeln an derartigen Gewässern erforderlich.

Während wir in den Anfangsjahren nach Gründung unserer Gruppe den Bedarf an Bleien bei den jährlichen Fahrten nach England dort deckten, wo diese Bleiform sehr billig zu erwerben war, sind wir in den letzten Jahren dazu übergegangen, die Herstellung dieser Bleie selbst in die Hand zu nehmen. Das einzige Problem bildete bislang die Gußform. Entwürfe für die Formen waren längt erstellt, doch leider konnten wir keine geeignete Produktionsstätte finden, die uns die Formen herstellte. Durch Zufall stießen wir dann in einer Zeitung auf die Anzeige, in der solche Formen angeboten wurden, und bald produzierte die Firma auch unsere. Die Investition hatte sich schon nach dem ersten Gießen rentiert, denn Birnenbleie sind nicht gerade preiswert. Aber mit diesen Formen lassen sich innerhalb kurzer Zeit eine Menge Bleie gießen, und das macht sich auf die Dauer bezahlt.

Die Bleiform entspricht zwar nicht ganz der des Arlesy-Bleies, aber sie bleibt doch in etwa erhalten (s. Abb. 71). Während das Original-Arlesy-Blei vorn spitz zuläuft, ist das Birnenblei hier mehr rund gehalten (Fa. Klaus Bleech, Im Flurscheid 24, 6336 Solms/Burgsolms).

Statt des Wirbels benutzt man für die spätere Bleimontage 0,8 mm Messingdraht, aus dem eine Öse gebogen wird. Den Messingdraht gibt es in Modellbauläden als 1-m-Ware, die wir nun in etwa 7 cm lange Stücke aufteilen. 0,8 mm Drahtstärke paßt gut durch die Öffnung, die in der Form dafür vorgesehen ist. Damit der Draht nicht wieder aus dem Blei herausrutscht, biegen wir einseitig mit Hilfe einer spitzen Zange noch zusätzlich einen kleinen Haken an den Draht.

Die Form besteht aus zwei Teilen. Das eine spannen wir in einen Schraubstock, schieben das andere mit dem Haltegriff davor und halten es fest. Bei geschlossener Form muß das Drahtende mit dem Haken durch das Gießloch zu sehen sein. Eine alte Schöpfkelle dient zum Bleigießen. Erhitzt wird z. B. mit einem kleinen Gaskocher. Das flüssige Blei muß langsam durch das Gießloch laufen, bis die Form vollständig gefüllt ist. Vorsichtig wird nun das Teil mit dem Haltegriff abgezogen und das Blei zum Abkühlen in eine mit Wasser gefüllte Blechdose fallengelassen. Den oft entstandenen Gußbutzen entfernen wir mit einer Kombizange durch Hin- und Herdrehen. Etwa vorhandene Grate beseitigt eine Feile.

Der letzte Arbeitsgang ist das Biegen der Öse. Hierzu fassen wir den Draht mit einer spitzen Zange ganz vorn etwa 3 mm über dem Blei, biegen ihn um 180° ab und drehen ihn mit der Hand zwei- bis dreimal um die eigene Achse. Überstehenden Rest mit einem Seitenschneider abkneifen und das Ende andrücken. Das Blei ist fertig.

Selbstbau spezieller Ruten

Wohl jeder ernsthafte Angler hat schon einmal erwogen, eine Rute nach eigenen Vorstellungen selbst anzufertigen. Da wir innerhalb unserer Gruppe, wie schon an mehreren Stellen dieses Buches angedeutet, viele Spezialruten verwenden, haben auch wir schon vor Jahren damit begonnen, Ruten zu bauen. Leider war zu der Zeit das Angebot an Rohlingen noch recht klein. Heutzutage gibt es in dieser Hinsicht keine Probleme mehr, und das Material ist weithin erstklassig.

Eine Rute zu bauen, ist wahrlich kein Kunststück. Mit etwas Ruhe und Geschick läßt sich auch von einem Anfänger auf diesem Gebiet ein fast professionales Finish erzielen.

Wir wollen an dieser Stelle einmal auf die Fertigung einer 3,05 -m (10 ft.) langen Karpfenrute näher eingehen.

Nachdem wir einen unseren Vorstellungen entsprechenden Blank (Rohling) ausgesucht haben (zu beziehen über Fa. Jürgen Fauser, Heinenstr. 16, 7400 Tübingen-Derendingen), beginnt die Herstellung des Griffteils. Korkscheiben entsprechenden Durchmessers werden mit Zweikomponenten-Kleber mit dem Blank und untereinander verbunden. Auf diese Weise wird die Grifflänge bestimmt.

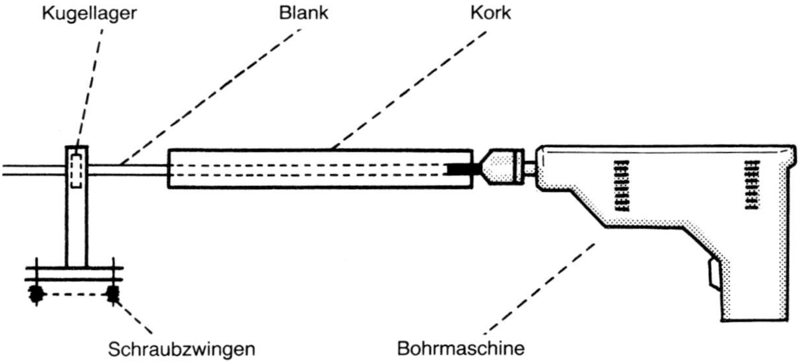

Abb. 72. Der Griff wird problemlos und sauber in die gewünschte Form gebracht.

Entsprechend Abbildung 72 wird der Griff (Kork) bearbeitet, dafür das Ende des Blanks über einen Dorn mit der Bohrmaschine verbunden, die andere Seite in ein Kugellager geschoben. Bei hoher Umdrehungszahl erhält der Griff nun durch zunächst gröberes, später feineres Schleifpapier die gewünschte griffige Form. Anschließend werden die Schubringe aufgezogen und das Griffende mit einer Abschlußkappe versehen.

Die Ringe, in diesem Fall wären gute Hartchromlaufringe angebracht, müssen, bevor sie angebunden werden, am Fuß mit einer feinen Feile entgratet und abgeschrägt werden, damit einwandfreies Anbringen garantiert ist. Die Abstände der Ringe untereinander geben die Blankhersteller meistens an. Sie sollten eingehalten werden. Die Ringe werden mit Klebeband einseitig an den vorher angezeichneten Stellen befestigt und mit Bindungsgarn endgültig am Blank angebracht (Abb. 73).

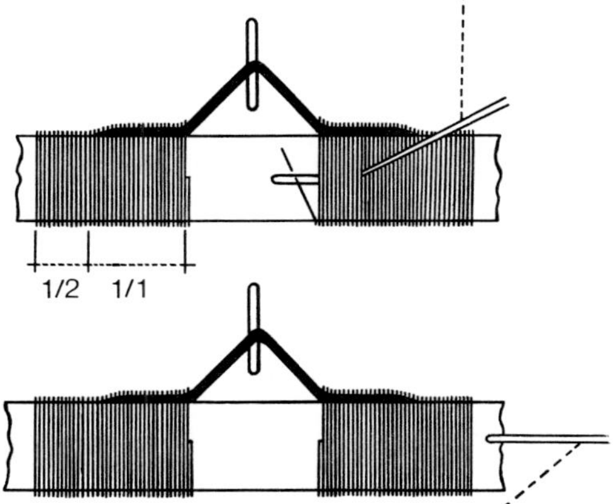

Abb. 73. Eine saubere und präzise Ringwicklung ist nicht schwierig. Bei etwas Übung läßt sich eine Rute an einem Abend binden.

Da die meisten Ruten heutzutage ohne Messinghülsen verzapft sind, ist das Anbringen einer ausreichenden Stützbindung am unteren Ende des Spitzenteils unbedingt erforderlich, um einem Ausbrechen des Blanks vorzubeugen (siehe Abb. 74).

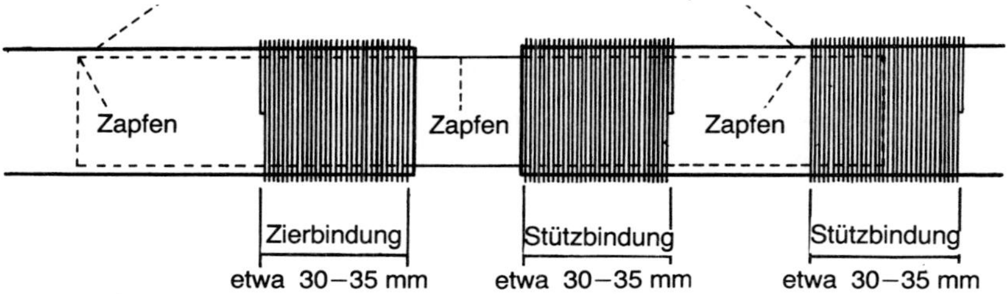

Abb. 74. Stützbindungen setzen die Bruchgefahr herab.

Aus optischen Gründen wird nun noch eine Bindung unterhalb des Zapfens in gleicher Länge angebracht. Sind alle Bindungen fertiggestellt, werden sie dreimal mit Farbfixativ gestrichen, um die Färbung des Garns zu erhalten. Nach etwa 24 Stunden Trockenzeit werden abschließend Blank und Bindungen dreimal mit speziellem Rutenlack gestrichen. Die Kosten einer solchen Rute sind meistens minimal.

Nachwort

Zum Schluß möchten wir versuchen, jeder vom anderen über ein Erlebnis zu berichten, das maßgebend für den Fang kapitaler Friedfische gewesen ist.

Ehrgeiz

Unser Lieblingsfisch ist schon seit Jahren der Döbel, und wir lassen ihm von November bis Ende März unsere besondere Aufmerksamkeit zukommen. Tatsächlich waren in mancher Saison die Erfolge fast spektakulär, zumindest im heimatlichen Raum. Stückzahlen bis 300 in einem Winter mit Gewichten bis zu 2 kg sprechen für sich.

Doch nicht jede Saison war gleich gut. Außerdem fielen bislang gute Döbelstrecken gelegentlich irgendwelchen Baumaßnahmen zum Opfer, so daß neue Strecken oder Gewässer gesucht werden mußten.

Der Initiative unseres Mitglieds Roland verdanken wir, daß vor etwa vier Jahren die Lippe auf einem Teilstück als hervorragendes Döbelgewässer erkannt wurde. Anfängliche Erfolge mit Köderfisch oder Tauwurm brachten neben guten Döbeln allerdings auch viele Barsche. Neue Erfolgsköder, speziell für Döbel und dieses Gewässer, mußten gefunden werden. Auch hier profitierten wir vom Ehrgeiz und der Experimentierfreude Rolands. Ausgefallene, vom Döbel begehrte Happen wie Hähnchenleber, Fleischwurst, Frühstücksfleisch oder Parmesanpaste zählen mittlerweile zu unseren Standardködern, ohne die heute ein Ansitz auf Döbel nicht mehr denkbar wäre.

Roland führte auch das sogenannte „Trotting“ ein. Es bedeutet in der Praxis, daß der Döbelangler mit leichtem, lediglich eine Rute und die allernötigste Ausrüstung umfassenden Gepäck eine längere Flußstrecke systematisch Stelle für Stelle abfischt. Um diese besondere Methode im Winter bei Minustemperaturen und Wind intensiv zu betreiben, bedarf es schon eines ganzen Mannes. Rolands Erfolge aber sprachen für sich. In den Anfängen des Trottings, als Bernd und ich (Rolf) noch Zweifel am

Erfolg dieser Methode hatten – vielleicht waren wir auch einfach nur zu bequem – fing Roland an manchen Tagen mehr Döbel als wir beide zusammen. Da sich die Erfolge wiederholten, brauchte es nicht lange, bis auch wir uns mit dem Trotting anfreundeten. Heutzutage ist diese Methode für uns alle eine Selbstverständlichkeit.

Aber nicht nur im Hinblick auf das Döbelfischen und dessen Besonderheiten hat Roland Pionierarbeit geleistet. Ein weiterer Winterfisch ist für uns das Rotauge. Jedes Jahr, wenn die Zeit gekommen ist, sitzen wir, sofern wir nicht auf Döbel gehen, Woche für Woche am Kanal und stellen jetzt kapitalen Rotaugen nach. Was für uns „kapital" bedeutet und wie die Erfolge aussahen, konnte bereits dem entsprechenden Kapitel entnommen werden. Aber nicht immer liefen uns die Rotaugen nach. An solchen Tagen waren es öfters Bernd und ich, die fast Schneider wurden, wohingegen Freund Roland doch noch Rotaugen in Stückzahlen von acht bis zwölf oder gar mehr erbeutete. Wir fischten zwar alle drei mit annähernd gleichem Gerät, Köder und Anfutter, doch irgendwie mußte Roland noch anders angeln, was seinen Erfolg erhöhte. Bei anderer Gelegenheit und auf andere Fischarten bezogen fingen auch Bernd und ich (Rolf) mal besser, weil jeder von uns in der Lage ist, bestimmte Dinge im rechten Moment zu erkennen und zu nutzen. Kleinigkeiten sind eben oft ausschlaggebend dafür, um selbst an anscheinend schlechten Tagen doch noch Erfolg zu haben. Die Fähigkeit, solche geringen Abweichungen beim Gerät und in der Methode im rechten Augenblick zu erkennen und erfolgbringend anzuwenden, spricht im besonderen Maße für den Specimen-Angler, so wie es auch Roland nun einmal ist.

Damals

Es war nur ein Tag vor Weihnachten, als wir drei uns auf den Weg zum Datteln-Hamm-Kanal machten, um hier noch ein paar gute Rotaugen zu fangen. Kaum angekommen, schlug uns die rauhe Wirklichkeit mit nur +2° C Lufttemperatur und steifem Nordostwind entgegen. Die Erfolgsaussichten schienen noch weiter zu sinken, als wir die Wassertemperatur mit nur 6° C maßen und außerdem ein Schneeschauer niederging. Kein anderer Angler ließ sich an der sonst so beliebten Angelstelle blicken. Die beiden ersten Stunden ließen vermuten, daß die daheimgebliebenen Sportfreunde die Lage richtig eingeschätzt hatten.

Roland und Bernd äußerten schon Abwanderungsgedanken, als Rolf schließlich die Geheimwaffe auspackte. Er tat für damalige Verhältnisse etwas völlig Unverständliches, baute seine Posenrute zusammen und montierte eine Quiverrute mit einem Swimfeeder. Ich glaube, er war damals der erste Angler am Kanal, der mit solchem Gerät fischte.

Kurze Zeit, nachdem er die Maden im Kanal versenkt hatte, fing der Quiver leicht an zu vibrieren, und bald hakte Rolf einen Fisch. Doch der riß Schnur von der Rolle, und die Sundridge-Light-Ledger bog sich weit über die Testkurve hinaus. Rolf hatte Mühe, die Rute mit kälteklammen Fingern zu halten. Im nächsten Augenblick waren die Schwimmerruten von uns beiden Mitanglern an Land. Unsere Aufmerksamkeit galt jetzt nur noch dem Drill. Bald war jedem von uns klar, es handelte sich hier zweifellos um einen Karpfen, der auch nach etwa 10 Minuten sicher gekeschert werden konnte. Knapp 2¾ kg brachte der Fisch auf die Waage. Jeder war verwundert. Rotaugen hatten wir erwartet. Aber einen Karpfen? Das mußte Zufall gewesen sein. Die nächsten Fische schienen das zu bestätigen. Es waren zwei prächtige Kanalrotaugen der Kapitalklasse.

Doch dann folgte der Härtetest. Rolf hakte den nächsten Karpfen, und dieser Fisch nahm etliche Meter Schnur von der Rolle. Nach etwa 20 Minuten hatte sich der Fisch noch immer nicht gezeigt, und zum Unglück näherte sich ein Lastkahn ganz unaufhaltsam der Angelstelle. Rolf forcierte den Drill und bekam den Fisch in letzter Sekunde ins freie Wasser zwischen Spundwand und Schiff. Nach weiteren bangen fünf Minuten kescherten wir einen 5,1 kg schweren Karpfen, der an diesem feinen Gerät und bei den örtlichen Schwierigkeiten nur mit guten Nerven, viel Gefühl und Erfahrung bezwungen werden konnte.

An diesem Tag betrug die Strecke des Anglers sechs Karpfen zwischen zwei und gut fünf Kilogramm. Kein Fisch war abgerissen. Bei Angelschluß waren alle Fische wieder in Freiheit und wir freuten uns schon auf das nächste Angeln am 31. 12. Für den Specimen-Angler ist eben erst am letzten Jahrestag Abangeln.

Begegnung mit Großkarpfen

Das Wort „Begegnung“ steht hier für einen verlorenen Kampf gegen Karpfen, deren Gewicht wir nicht zu schätzen wagen. Sie haben uns besiegt, die „Monster-Karpfen“, wie wir sie später nannten, und bis jetzt haben wir noch keine Methode entdeckt, wie wir sie erfolgreich beangeln könnten. Also auch Specimen-Angler sind keineswegs immer erfolgreich.

Bevor wir jedoch solch eine Begegnung im einzelnen schildern, einige Worte über das Gewässer und seine Besonderheiten.

Es handelt sich um eine Schloßgräfte (Schloßgraben). Während sich der innere Wassergraben teichartig erweitert und von dichtem, sehr altem Baumbestand umsäumt wird, ist der äußere Wassergraben ziemlich karg und schmal. Etwa fünf Meter breit, verläuft er als Schutzgraben wie auch der innere in weitem Kreis um das Schloß herum. Der äußere Graben ist nicht besonders tief, nur etwa 60 — 80 cm, der innere jedoch etwa 80 — 120 cm mit einigen noch tieferen Stellen. In diesem Teil des Gewässers angelten wir meistens.

Der interessanteste Teil war jedoch eine kleine Insel mitten im Wasser. Sie war mit nur 3 m Durchmesser winzig. Hier aber roch es förmlich nach Karpfen. Schien die Sonne und war es warm, konnte man sie unter den Rosenbüschen, die ebenfalls weit über in das Wasser wucherten, stehen sehen. Mitten auf der Insel stand eine alte Pappel, die von Gewittern stark gezeichnet war. Die Karpfen, die wir hier zu Gesicht bekamen, waren sämtlich Riesen, wahre Monster-Karpfen. Es war ein Trupp für sich. Zehn bis fünfzehn dieser Riesen machten sich hier zu einer bestimmten Zeit breit und nahmen fast immer Nahrung zu sich.

Die erste Bekanntschaft mit diesen Burschen machten wir, als wir einen Stipptag auf Karauschen einlegten. Unter einem Weißdornbusch, der weit über das Wasser ragte, zeigten sich immer wieder kleine Ringe, die von den Karpfen stammten, die hier Nahrung von der Oberfläche nahmen, und manchmal hörte man sie auch schlagen.

Es war das Zeichen für Bernd, die Karpfenrute klarzumachen. Doch er ist wohl derjenige, der hierbei das wenigste Glück hatte. Immer wieder entwischten ihm die Karpfen nach Ausschlitzen des Hakens, oder sie sprengten die Schnur. Trotzdem versuchte er es stets aufs neue. Resignieren wäre auch gegen seine Natur gewesen. Mit einer geradezu unheimlichen Ruhe und Ausdauer setzte er sich jedesmal wieder an.

Das oft stundenlange Warten auf einen Biß macht ihm gar nichts aus. Konzentriert ist er dann auch im richtigen Moment an der Rute und setzt mit der Erfahrung eines versierten Karpfenanglers den Anschlag. Kein Weg ist ihm zu weit, kein Wetter zu schlecht und keine Zeit zu ungelegen, um große Karpfen, aber auch andere Fischarten zu beangeln. Er ist stets zu einem Abenteuer bereit. Doch zurück zum Geschehen, das unser Sportfreund Roland so beschreibt.

Ein mächtiges Stück Kruste diente, mit einem Blei verankert, als Köder, den Bernd direkt vor dem Busch anbot. Sofort waren kleine Rotfedern zur Stelle und machten sich daran zu schaffen. Plötzlich aber spritzten sie auseinander, und im gleichen Augenblick war die Kruste verschwunden. Vorsichtig nahm Bernd die Rute auf, wartete, bis sich die Schnur straffte, und setzte den Anschlag. So gebogen hatte ich die Karpfenrute noch nie gesehen. Es war schon beängstigend, als der Fisch dann, trotz festgestellter Bremse, noch Schnur nahm. Sofort löste Bernd die Bremse, und der Karpfen schoß an den Bäumen entlang Richtung Brücke. Wenn er dort durchsauste, alles wäre verloren. Doch instinktiv bremste Bernd im gleichen Augenblick die Flucht. Der Karpfen ließ sich tatsächlich beeindrucken und kam in rasender Fahrt auf das Ufer zugeschwommen. Aber auch diese Situation meisterte Bernd noch, indem er rückwärts lief und somit auf Fühlung bleib. Langsam, ständig an den Bäumen auf und ab, versuchte der Fisch zwischendurch blitzartig in die Äste, die ins Wasser ragten, zu entkommen. Jede Flucht wurde aber sofort mit hartem Gegendruck der Rute beantwortet. Es schien so, als wäre der Karpfen bald müde. Bernd und ich waren schon guter Dinge, bis sich plötzlich die Rute entspannte und das Blei über unsere Köpfe hinwegsauste. Der Haken war ausgeschlitzt. Die folgenden Flüche verschweigen wir lieber dem Leser.

Die zweite Karpfenbekanntschaft machte Bernd an der Insel. Voller Hoffnung setzte er sich eine Woche später erneut auf die Riesen an. Er benutzte die gleiche Methode, den gleichen Köder. Die Kardinal 66, voll mit 200 m 0,35er Schnur, die Mark IV GS/U 11 ft. (3,35 m) von Bruce & Walker und ein 2er Richard Walker Karpfenhaken. Das war sein Gerät, mit dem er die Karpfen bezwingen wollte. Zielsicher placierte er die Kruste unmittelbar vor die Rosenbüsche, wo die Karpfen standen. Der Rest war nur noch Sekundensache. Von gewaltigem Schwall begleitet verschwand die Kruste. Als sich die Schnur straffte, setzte Bernd den Anhieb.

Wie schon beschrieben, ist das Gewässer durch dichten Baumbestand und Seerosenfelder reichlich mit Hindernissen bestückt, deren größtes jedoch die Insel selbst ist. War der Fisch hier einmal vorbei, war er so gut wie verloren. Zum anderen zieht sich die Flucht wegen der geringen Wassertiefe und Größe des Gewässers mehr in die Länge. Man hat praktisch nur die Chance, den Fisch sofort nach dem Haken durch konsequentes Halten zur Flucht in das begrenzte Freiwasser zu zwingen und ihn dort mit größter Vorsicht auszudrillen.

Das hatte Bernd zwar alles bedacht und berücksichtigt, doch konnte er nicht ahnen, welch ein Riese ihm nun schon wieder an den Haken gegangen war. Trotz festgestellter Bremse und energischem Gegendruck nahm der Karpfen Schnur und bohrte sich in die Rosenbüsche. Dann saß er fest. Da war nichts mehr zu machen, auch dieser war wieder entwischt. Schade!

Aber irgendwann, dessen bin ich mir sicher, wird es Bernd noch einmal versuchen und dann Erfolg haben.

Die Angelfischerei

Begr. von M. von dem Borne. 16., neubearb. Auflage. Unter Mitw. von 14 Mitarbeitern, hrsg. von W. Quint. 1981. 362 Seiten mit 425 Einzeldarst. in 282 Textabb. und 42 Tafeln mit 120 Abb., davon 70 farbig. Balacron geb. 48,– DM

Große Fänge

Ein Wegweiser für den Angelerfolg in Fluß, See und Meer. Von R. Sack. 3., neubearb. Aufl. 1983. 122 Seiten mit 61 Einzeldarst. in 43 Textabb. und 1 Tafel. Laminiert 28,– DM

Anglertricks

Ein Bildband mit über 200 Finessen erfolgreicher Sportfischer. Von E. Wiederholz. 3., bearb. Auflage. 1980. 141 Seiten mit 287 Fotos und 19 Zeichnungen. Laminiert 24,80 DM

200 weitere Anglertricks

Ein Bildband aus dem unerschöpflichen Ideenreichtum erfahrener Sportfischer. Von E. Wiederholz. 1978. 158 Seiten mit 367 Fotos und 16 Zeichnungen. Laminiert 29,80 DM

Die fangsichere Zusammenstellung von Angelgerät

Von E. Wiederholz. 2., neubearbeitete Auflage. 1978. 142 Seiten, 234 Abb. im Text und auf 17 Tafeln, davon 1 Farbtafel. Laminiert 29,80 DM

Angelwürmer

Beschaffung, Hälterung, Transport und Angeltechnik sowie Biologie und Vermehrung. Von E. Wiederholz. 1982. 106 Seiten mit 80 Einzeldarstellungen in 30 Zeichnungen und 59 Fotos auf 16 Tafeln. Laminiert 32,– DM

Anglerknoten leicht gemacht

Eine Auswahl für den Praktiker. Von E. Staub. 1982. 61 Seiten mit 90 Einzeldarstellungen in 40 Abb. Kartoniert 16,– DM

Das große Köderbuch

Natürliche Köder und Kunstköder. Beschreibung, Eignung und Anwendung der fängigsten Köder in der Welt. Von E. Wiederholz. 4., neubearb. und erweiterte Auflage. 1978. 216 Seiten mit 270 Abb., davon 53 farbig. Laminiert 29,80 DM

Das Räuchern von Fischen

Ein Leitfaden für Hobbyköche, Sport- und Berufsfischer, Fischzüchter, für Gastwirte und Gastgeber. Von E. Rehbronn und F. Rutkowski. 4. Auflage, neu bearb. von F. Jahn. 1983. 115 Seiten mit 65 Einzeldarstellungen in 47 Textabb. und 14 farbige Abb. auf 8 Tafeln. Kartoniert 19,80 DM

Vom Blauen Aal zum Kalten Zander

Ein vergnügliches Fischkochbuch mit allerlei Kniffen. Von A. Chemnitz. 2., neubearb. und ergänzte Auflage. 1980. 168 Seiten mit 59 Abb., davon 32 Zeichnungen von P. Koehne, im Text und auf 12 Fototafeln. Laminiert 24,80 DM

Das große Präparierbuch der Fische

Von A. Hutterer-Niedereder. 2., neubearb. und erweiterte Auflage. 1978. 123 Seiten mit 194 Abb., davon 12 farbig. Laminiert 32,– DM

Fisch und Fang

Eine Zeitschrift für Angler und alle Freunde des Fischwassers. Chefredakteur: G. Peinemann, Redakteur: R. Hennig. Monatlich erscheint ein reich und farbig illustriertes Heft im Format DIN A4. Im Jahresabonnement (1984) 52,– DM zzgl. Versandkosten. Kostenloses Probeheft auf Anforderung

Preisstand: Frühjahr 1984.
Spätere Änderungen vorbehalten.

VERLAG PAUL PAREY · HAMBURG UND BERLIN